성서적 정의에 대한 새로운 이해

성서는 정의로운가

한국 아나뱁티스트 출판사^{Korea Anabaptist Press}는 기독교 신앙을 아나뱁티스트 관점에서 소개하는 문서 선교 사역을 합니다. 특히 그리스도인의 신앙과 삶의 기초를 재세례 신앙의 제자도·평화·공동체를 통해 발견하며, 하나님 나라를 이루어가는 성경적 비전을 회복하고자 노력합니다. 한국 아나뱁티스트 출판사가 발행하는 도서는 각 분야별 시리즈로 구성됩니다.

성서적 정의에 대한 새로운 이해

성서는 정의로운가

크리스 마셜 지음
정원범 옮김

차례

옮긴이의 말

바로 어제 한국기독교청년협의회는 종교개혁 500주년을 앞두고 한
국 교회의 현실을 비판하는 〈교회를 향한 30개조 반박문〉을 발표했다.
그중 일부의 내용을 보면 다음과 같다.

8. 세월호 참사, 통일 문제 그리고 노동 문제 등 각종 쟁점 사안이나
다양한 이슈에 둔감한 한국 교회의 모습을 봅니다. 이는 사회 참여 결
여로 고스란히 나타나며, 사회에서 고립되며 그들만의 리그로 전락한
모습을 보게 됩니다. 일부의 사회 참여는 편향되고 친정부적이며 기득
권에 결탁된 왜곡된 시선과 발언만이 교회의 전부인 양 만들고 있습니
다. 이런 교회는 그리스도의 몸 된 교회가 절대로 아닙니다.

9. 한국 그리스도인들은 교회생활과 사회생활을 철저히 구분합니다. 하지만 사회생활이 곧, 신앙생활이며, 예수의 제자 됨을 훈련하는 현장임에도 불구하고, 삶과 신앙이 철저하게 구분되어 있습니다. 삶이 기도가 되고, 실천이 있는 신앙생활이 그리스도인입니다.

이 이야기는 한국 교회가 비판받는 문제들 중의 하나인 신앙과 삶의 분리, 신앙생활과 사회생활, 경제생활의 분리, 신앙과 정치의 분리 문제를 지적하는 이야기이다. 한국 교회가 이런 비판을 받게 된 데는 성서 이해의 왜곡 문제가 자리 잡고 있다. 너무도 보수화된 한국 교회에서 심심치 않게 듣게 되는 이야기가 있다. 목사가 강단에서 정치 이야기나 경제 이야기를 하면, 목사든 장로든 적지 않은 사람들은 "왜 강단에서 성서 이야기는 하지 않고, 정치 이야기, 경제 이야기를 하냐?"라고 비판하는 것이다. 그러나 이는 성서 안에 얼마나 많은 정치 이야기가 있고, 얼마나 많은 경제 이야기가 있는지를 모르고 하는 소리이다. 다시 말해 그것은 하나님을 사랑하고, 인간을 사랑하라고 가르치는 하나님의 말씀인 성서 안에는 사회적 약자들을 억압하고 착취하는 불의한 정치, 경제 권력을 심판하는 이야기가 얼마나 많이 있는가를 모르고 하는 이야기인 것이다. 하나님이 세상의 정치, 경제, 사회적 불의를 심판하신다는 이야기는 성서의 하나님이 곧 사랑의 하나님이며 동시에 정의의 하나님(이사야 30:18)이라는 사실을 말해 주는 것이다.

그런데도(성서에서 정의라는 단어는 1000번 이상 나타난다) 한국 신학교와 한국 교회 강단에서 정의의 하나님과 하나님의 정의를 가르치며, 사회적·정치적·경제적 불의에 대해 아니라고 외치는 목소리를 듣기가 어려운 현실이다. 이런 현실은 오늘날 한국 교회가 비판과 조롱을 당하는 상황에 이르게 된 것과 무관하지 않다. 어떻게 이 절망스러운 오늘의 교회의 위기를 극복할 수 있을까? 그것은 신앙의 원천인 성서와 성서 안의 있는 그대로의 예수님에게로 돌아가는 길밖에는 없다고 본다. 그렇다고 하면 우리가 믿는 하나님이 어떤 하나님이고, 우리가 믿는 예수님이 어떤 예수님인지를 성서 안에서 말씀하고 있는 그대로 발견하는 것이 얼마나 중요한 것인가?

그런데 성서 안의 하나님이 어떤 하나님이고, 성서 안의 예수님이 어떤 예수님인지를 잘 보여 주는 책이 있다. 바로 이 책,《성서는 정의로운가》라는 책이다. 이 책의 장점은 철저하게 성서에 근거하고 있다는 점인데, 성서를 토대로 하여 성서의 하나님과 예수님이 누구인지를 잘 밝혀 주고 있다. 이 책의 핵심 메시지는 "정의는 하나님이 갈망하는 어떤 것이 아니라 하나님의 존재와 하나님의 사역의 핵심"이고, "정의가 하나님 보좌의 기초이고 우주의 기초"이며, "정의는 하나님 나라의 심장이고, 하나님이 세상에서 사랑의 통치를 행사하시는 방법", "정의는 성서의 중심 주제"라는 주장이다. "하나님은 정의의 하나님이고, 정의의 원천이자 정의의 옹호자이기 때문에 하나님의 형상을 지닌 사람들 또한 정의의 대행자가 되어야 한다." "정의를 추구하는 것은 하나님의 백성들에게 주어진 첫 번째 의무가 되어야 한다." "하나님을 안다는 것은 정의의 의미에 대해 배우는 것이다. 이런 하나님을 사랑한다는 것은 세상을 위한 정의를 회복하기 위해 하나님의 위대한 행동에 참여하는 것이다." "정의를 찾으려는 헌신이 없다면 하나님을 예배하는 다른 모든 수단들은 파탄을 가져온다. 정의의 삶의 방식은 거룩함의 본질적인 특징이다."

특히 주목할 것은 "정의는 어떤 때는 공정함을 요구하며, 또 어떤 때는 편애를 요구한다.", "저울이 언제나 부자와 강한 자 편으로 기울어져 있으므로 사회 정의를 위한 영원한 투쟁에서 하나님은 가난한 자와 방어할 수 없는 자를 편드심으로써 균형을 맞추신다."라는 주장과 "예수님은 하나님의 정의의 화신"이라는 주장이다.

레너드 스윗은 현대 교회가 예수 결핍증이라는 중병에 걸려 있다고 주장한 적이 있다. 예수님의 교회에 예수님이 안 계신다는 주장이다. 한국 교회를 보면서 아니라고 부인하기도 어려운 것이 현재의 상황 아닐까? 교권주의, 물질주의, 쾌락주의, 성장주의, 분열주의, 개교회주의 (대한예수교장로회 제101회 총회에서 발표된 〈우리의 고백과 결단〉이라는 고백문에서 한국 교회의 문제점으로 지적된 내용) 등으로 한국 교회가 너무도 오염되어 있기 때문이다. 그런데 레너드 스윗은 왜 현대 교회에 예수님이 안 계신다고 했을까? 교회가 갖고 있는 예수 이해가 실제의 예수님과 너무도 다르기 때문일 것이다. 한국 교회의 예수 이해는 실제의 예수님과 너무도 많은 괴리가 있다. 현대 한국 교회의 예수 이해를 보면, 예수님은 비정치적인 분이라는 생각이 지배적이다. 그러나 이것은 사실과 다르다. 이 책의 저자도 언급한 것이지만, 예수님은 누가복음 4장 18~19절의 취임사에서 밝힌 대로 압제받는 자에게 정의를 가져다주는 것을 자신의 사역으로 선포하신 분이다. 그래서 이 책의 저자인 크리스 마셜은 "예수의 사명은 영적이었을 뿐만 아니라 정치적이기도 했다."라고 밝히고 있다. "예수의 정치적 입장은 한편으로는 불의와 주변의 사회적 악에 대한 예언자적 비난과 다른 한편으로는 하나님 나라의 실재를 실현하기 위해 대안 사회를 소집한 것으로 특징지어졌다."라고 주장한다. 이러한 주장들은 성서 이해의 편향성을 교정하고, 성서 이해의 왜곡을 바로 잡아 주는 데 매우 큰 유익을 주는 내용이라 아니할 수 없다.

끝으로 이 책의 번역을 맡은 지가 오래되었음에도 불구하고 인내심을 가지고 기다려준 KAP 출판사 김복기 목사님과 김수연 편집장님에게 진심으로 감사드리면서, 이 책을 통해 한국 교회가 성서 안에 있는 그대로의 하나님, 성서 안에 있는 그대로의 예수님이 누구인지를 올바르게 깨닫게 되기를 바라고, 그렇게 됨으로써 불의한 세상 속에서, 그리고 교회다움을 상실해 가는 시대 속에서 그리스도인들이 걸어가야 하는 길이 어떤 길인지를 정확하게 확립해 나가는 변화의 계기가 만들어지길 간절히 소망한다.

2016년 가을

정원범

1장

정의란 무엇인가

이 책의 발간 목적은 성서가 정의에 관해 가르치고 있는 몇 가지 특징들을 확인하는 것이다. 기독교인들은 성서를 신앙과 실천의 문제들에 관한 가장 중요한 원천으로 여긴다. 그러므로 정의, 즉 사회 정의와 사법 정의criminal justice에 관해 성서가 말하는 것은 오늘날 기독교인들의 생각과 행위에서 매우 중요한 의미를 지닌다.

또한 성서는 일반적으로 서구 문화의 발달에 지대한 영향을 끼쳐 왔다. 그러므로 정의에 관한 성서적 관점을 탐구하는 것은 서구의 정치 사상과 사법 사상을 형성하는 데 영향을 주었던 신념들과 가치들을 인식하는 데 어느 정도 도움을 줄 수 있다.

하지만 다음과 같은 복잡한 문제들이 많이 있어서 정의에 관한 성서의 가르침을 이해하는 것이 결코 쉬운 일은 아니다.

- 살펴보아야 할 **자료들이 방대하다.** 구약과 신약에는 정의에 관해 명백하게 말하고 있는 구절들이 수없이 많고, 암시적으로 언급하고 있는 구절들은 그보다 더 많다. 사실 정의는 성서에서 가장 자주 되풀이되는 주제들 중 하나이다.

- 또한 **자료들이 다양하다.** 다양한 성서 저자들이 다양한 역사적 상황 속에서 말하고 있고, 그들은 때때로 정의(특히 사법 정의)의 함축된 의미에 대해 서로 상이한 입장을 취하기도 한다. 이 책에서 우리는 저자들 사이에서 명백하게 신학적 동의가 이루어지고 있는 영역에 집중할 것이다. 그러나 우리는 세부적으로 들어가면, 특히 정의의 문제에서는 언제나 어려움이 있다는 사실을 기억하는 것이 좋다.

- 또한 우리는 정의에 관한 성서적 사고가 더욱 넓은 문화적이고 종교적인 세계관, 즉 많은 점에서 **현대 세속 사회의 관점과는 매우 다른 세계관**에서 이루어졌다는 사실을 언제나 기억해야 한다. 성서의 가르침에서 정의의 특질을 이해한다는 것은 우리 자신의 세계와는 다른 세계 안으로 들어갈 것을 우리에게 요구하고 있는데, 이것은 결코 쉬운 일이 아니다.

이 외에도 정의 자체의 개념을 둘러싼 복잡한 문제들이 있다. 정의란 실제로 무엇인가? 정의에 객관적인 실재가 있는가, 아니면 그것은 단순히 사회적 합의의 결과물인가? 정의에 공평함 또는 평등 또는 균형과 같은 불변하는 본질이 있는가, 아니면 그것은 다양한 상황 속에서 다양한 사람들에게 다양한 것을 의미하는가? 정의는 어디서 오는가? 어떻게 정의가 알려지는가? 어떻게 정의正義가 정의定義되어야 하는가? 정의와 사랑과 자비는 어떤 관계인가?

이 모든 문제들은 우리가 여기서 세부적으로 탐구할 수 없는 매우 어려운 문제들이다. 그러나 굳이 도덕철학과 법철학의 어려운 영역으로 들어가지 않고서도 우리는 정의가 역설적인 가치라는 사실을 일상의 담론에서 분명히 알 수 있다.

정의의 역설

정의란 엄청난 감정적 힘과 상당한 의미론적 다의성을 포함하고 있는 개념들 중 하나이다. 그것은 자명한 동시에 대단한 논쟁을 불러일으키는 실재이다. 이제 이 역설의 각 측면에 대해 살펴보자.

• 우리 모두는 정의가 무엇인지에 대한 강한 직관적 의식을 가지고 있다. 우리는 언제나 정의의 기준에 호소한다. 우리는 언제 정의가 침해를 받는지를 본능적으로 인지한다. 어린아이들도 강력하고 타고난 정의감을 가지고 있다. 아이들이 얼마나 자주 "그건 너무 불공평

해요!"라고 불평하는지를 생각해 보라. 어떤 행위나 사태가 불공평하거나 불의하다고 선언하는 것은 가장 강력한 도덕적 비난 중 하나이다. 그리고 이런 불평을 하는 사람들은 일반적으로 문제의 불의가 누구에게나 아주 명백할 것이라고 생각한다.

그러나 어떤 사람에게 명백해 보이는 것이 언제나 다른 사람에게도 명백한 것은 아니다. 사람들은 정의가 숙고해야 할 근본 원리라는 사실에 대해서는 동의하지만, 어떻게 그 원리가 실천으로 옮겨지는가에 대해서는 자주 의견의 차이를 보인다. 예컨대, 어떤 사람들은 사형 제도를 정당한 벌의 문제, 즉 생명에 생명으로 대응하는 문제나 정의의 저울을 다시 조정하는 문제로 옹호한다. 그러나 어떤 사람들은 사형 제도를 인간의 존엄성에 대한 모욕, 즉 정의가 고발하거나 바로잡아야 한다고 요구하는 그 불의에 대한 끔찍한 모방이라고 비난한다.

또한 어떤 사람은 침범을 당한 것이 여성들의 몸이기 때문에 여성들이 낙태에 대한 선택권을 가지고 있다는 사실은 기본적 정의의 문제라고 생각한다. 그러나 어떤 사람들에게 낙태는 태어나지 않은 생명에 대한 치명적인 불의, 곧 무구한 인간 생명을 부당하게 빼앗는 행위이다.

정의에 관한 비슷한 논쟁들이 역사 속에 있었고, 사회적 합의에서 거대한 변화도 대대로 있었다. 아리스토텔레스는 노예 제도를 정의로운 사회와 양립될 수 있는 것으로, 심지어는 정의로운 사회에 없어서는 안 될 것으로 생각했다. 나중에 영국과 미국의 노예 폐지론자들에게 노예 제도는 불의의 바로 그 전형이었다.

그래서 우리는 역설적인 상황을 경험하고 있다. 우리 모두는 정의가 중요하다는 것을 알고 있고, 정의의 요구에 대한 의무가 있다고 느끼고 있으며, 정의에 대한 근본적인 매력을 느끼고 있다. 그러나 우리는 정의가 무엇인지, 또는 어떻게 그것을 가장 잘 정의할 수 있는지, 또는 왜 정의의 기준이 여러 세기에 걸쳐서 그리고 다양한 문화에 따라 그렇게 많이 바뀌는지를 정확하게 단언할 수 없다.

중요한 개념적 요소들

분명한 사실은 정의가 간단하거나 단일한 개념이 아니라는 것이다. 사랑과 마찬가지로 정의는 다양한 의미를 가지고 있고 다양하게 적용될 수 있는 포괄적이거나 총괄적인 용어이다. 이런 이유로 해서 정의를 모든 것을 총괄하는 단순한 개념으로 정의하기란 매우 어려운 일이다. 그러나 정의에 대한 대부분의 설명은 적어도 다음의 네 가지 핵심 요소를 포함하는 것으로 보인다.

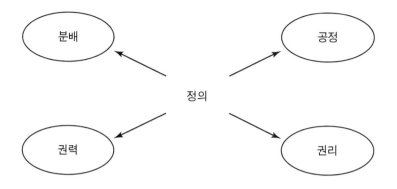

• 분배

정의는 경쟁하는 당사자들 간에 사회적 혜택과 벌칙이 적절하게 분배되는 것을 필요로 한다. 정의는 사람들이 사회의 재화와 보상에서 공정한 몫을 받아야 한다(사회 정의)는 사실과, 사람들이 타당한 이유 없이는 도덕적으로 처벌이나 징벌을 받으면 안 된다(사법 정의)는 사실을 지시한다.

• 권력

상충되는 요구들 사이에서 그것을 조정하기 위해서든, 사회적 혜택을 제공하기 위해서든, 아니면 적절한 처벌을 부과하기 위해서든, 정의는 합법적인 권력의 행사를 포함한다. 사람들에게서 그들이 정당하게 받아야 할 것을 부인하거나 빼앗기 위해 권력이 남용될 때 불의가 발생한다.

• 공정

정의는 공정성과 균형을 요구한다. 비슷한 것은 비슷한 것으로 다루어져야 하고, 다른 것은 다른 것으로 다루어져야 한다. 분쟁은 한쪽 당사자를 제멋대로 불리하게 만드는 부적절하고 부차적인 사항들에 치우치지 않고 공정하게 판결되어야 한다.

• 권리

정의는 특히 갈등 상황 속에서 사람들의 권리나 자격을 존중하는 것과 관계가 있다. 권리는 어떤 사람이 다른 사람들이 존중하거나 옹호해야 할 의무를 가지는 어떤 선good에 대한 정당한 도덕적이고 법적인 권리 주장을 하게 될 때 존재한다. 정의는 그런 권리들에 대해 도덕적 정당성을 부여한다.

가장 넓은 차원에서 볼 때 정의는 사회에서 혜택과 벌칙이 공정하게 분배되도록 함으로써 모든 당사자들의 권리를 충족시키고 의무를 부과해 줄 합법적 권력의 사용을 필요로 한다.

지금까지는 좋다. 그런데 다음과 같은 질문들을 결정할 때 논쟁이 일어난다. 즉, 누가 권력을 행사해야 하는가? 어떤 종류의 힘이 적절한가? 각 당사자들은 어떤 혜택이나 처벌을 받아야 하는가? 저마다 상이한 사람들의 특성과 기여를 고려할 때 무엇이 자원의 공정한 배분을 만들어 내는가? 다양한 집단의 합법적인 권리들이나 요구들 사이에 충돌이 있을 때 **누구의** 권리가 우선하는가?

　이런 논쟁들에서 결단을 내리는 일은 결코 쉽지 않다. 그것은 각 상황에 관련된 모든 요소들을 주의 깊게 고려하는 것을 필요로 한다. 이 요소들이 어떻게 구별되고 어떻게 측정되는가 하는 것은 결국 공동체들이 작동되는 더욱 큰 세계관이나 신념 체계에 달려 있다. 바로 이 지점에서 정의가 **종교적** 이해와 의미들과 만나게 되는 것이다. 세계관을 형성하는 신념, 가치, 이야기, 상징들이 인생의 궁극적 질문들을 상정하거나 그런 질문에 대답을 제시한다는 점을 고려하면, 그런 것들은 그 자체로 사실상 종교적인 것이다.

　대부분의 철학자들은 이제 정의의 내용이 단순히 객관적이고 실체 없는 이성의 활용을 통해서 결정될 수 없다는 사실에 동의한다. 그런 능력은 존재하지 않는다. 이성은 인간 경험과 격리된 곳에서 작동되지 않는다. 인간은 역사적이고 문화적인 특정한 전통이라는 맥락 안에서만 정의(또는 그 밖의 어떤 것)에 대해 생각할 수 있다. 다른 말로 하면, 정의에 대한 우리의 추리와 이해는 성격상 불가피하게 상황적이거나 역사적이다. 이것은 정의 자체가 단지 인간 숙고의 산물이라는 것을 의미할 필요가 없으며, 정의가 객관적이고 초월적인 실체를 가지고 있지 않다는 것을 의미할 필요도 없다. 그것은 단순히 실제적인 정의에 대한 우리의 지식은 언제나 제한적이고 부분적이라는 사실을 의미한다.

　기독교적인 관점에서 정의는 현실의 객관적인 실재를 **가져야** 한다. 왜냐하면 정의는 하나님으로부터 유래하고, 하나님은 인간의 사색과는 상관없이 존재하시기 때문이다. 하나님이 실재하시기 때문에 정의가 실재한다. 그러나 하나님의 보편적 정의를 아는 우리의 능력은 불가피하게 우리가 속해 있는 특정한 역사적이고 종교적인 전통으로부터 받아들인, 인생과 세계를 바라보는 방식들에 따라 결정된다. 이곳이 성서가 들어와야 하는 곳이다.

성서의 기여

기독교인은 하나님이 존재하기 때문에 정의가 존재한다는 사실뿐만 아니라 하나님의 본성에 대해 실제적인 것을 아는 것이 가능하듯이 정의의 본성에 대해 실제적인 것을 아는 것이 가능하다는 사실을 확신할 수 있다. 정의에 대해 알려 주는 것은 무엇보다도 세상 안에서 하나님이 창조하시고, 지탱하시고, 구속하시는 활동에 대한 성서의 이야기이다.

> 우리는 하나님의 자기 계시에 대한 성서 이야기를 통해서 정의가 무엇인지를 배우게 된다

성서에서 정의의 의미는 추상적이고 철학적인 사색을 통해서 발견되는 것이 아니다. 그것은 본질적으로 역사 속에서 나타난 하나님의 계시를 통해서 알려지고, 성서 이야기들은 그 계시에 대한 기록으로 이루어진다. 우리는 말과 행동으로 이루어진 하나님의 자기 계시에 대한 성서의 이야기

를 통해서 정의가 무엇을 의미하는지에 대해서 더 많이 이해할 수 있게 된다.

성서 기록에서 하나님의 정의를 이해할 때 특별히 중요한 사건으로 다음 두 가지를 꼽을 수 있다. 첫 번째 사건은 히브리 노예들이 애굽에서 **해방되어** 하나님의 율법 아래서 살아가는 언약 공동체를 형성한 것이다. 이스라엘의 예언자들과 시인들은 하나님의 정의가 이러한 중대한 개입 사건에서 가시화되어 왔다고 반복해서 선언한다.

두 번째 큰 사건은 노예 상태인 그들을 구원하시고 새로운 언약을 도입하신 **예수 그리스도의 도래**이다. 신약 성서에서 그리스도 사건은 출애굽 이상으로 결정적인 '하나님의 의의 계시'이다.(로마서 1:16~17, 3:21~26)

이 두 가지 사건을 놓고 성서 저자들은 신적 정의이든 인간적 정의이든 정의에 대해 설득력 있게 반복적으로 말했다. 그들이 말한 정의가 무엇인지 요약하기 전에 정의에 대한 그들의 신학적 세계관을 조금 더 살펴볼 필요가 있다.

2장

성서적 세계관에서의 정의

이 장에서는 방대한 성서 이야기에 드러나는 정의에 대한 이해의 윤곽을 그리고자 한다. 또한 정의에 대한 성서의 독특한 신학을 형성하는 성서적 세계관의 핵심 가치들이나 기본적 확신들 중 일부에 대해 논의하고자 한다. 그런 신념들이나 확신들은 많지만, 우리의 목적을 위해서는 그중 다섯 가지 개념이 주목할 만하다.

성서적 정의의 기초들

샬롬

언약

토라

행위-결과

속죄-용서

그러나 이 개념들 각각에 대해 개별적으로 견해를 밝히기 전에 성서에서 정의의 주제가 얼마나 중심적인 것인지를 다시 살펴보는 것이 중요할 것이다.

중심 주제

정의는 성서에서 가장 자주 반복적으로 나타나는 주제들 중 하나이다. 예를 들면 성적인 죄에 대한 중요한 어휘 목록들이 약 90번 나타나는 반면, 정의*mishpat, sedeqah, dikaiosune, krisis*에 대한 히브리어와 헬라어 단어들은 1000번 이상 나타난다.

> 정의라는 말은 성서에 1000번 이상 등장한다.

그러나 현대 독자들은 성서에서 정의의 개념이 얼마나 널리 퍼져 있는지를 흔히 인식하지 못한다. 이것은 부분적으로는 중요한 히브리어와 헬라어 용어들이 다양한 영어 동의어로 번역되어 있기 때문이다. 우리가 볼 때 그 영어 동의어들 중 어떤 것들은 정의와 명백한 연관성이 없는 것처럼 보인다. 이런 광범위한 영어 단어가 필요하긴 하다. 왜냐하면 정의에 대한 성서적 개념은 현재의 서구적인 개념보다 훨씬 더 크거나 더 포괄적이기 때문이다. 성서적 정의는 삶의 모든 국면, 즉 개인의 삶과 사회적 삶, 공적인 삶과 사적인 삶, 정치적 삶과 종교적 삶, 인간이 아닌 존재와 인간의 삶을 다루고 있으므로, 이렇게 다양한 함의들을 적절하게 표현하기 위해서 정의라는 개념은 다양한 번역 용어들을 필요로 한다. 그러나 결과적으로는 성서 원문에서 광범위하게 사용되고 있고 상호 연결되어 있는 정의 개념이 영어 번역본에서는 모호하게 되었다.

성서에서 자주 나타나는 '의 또는 공의righteousness'라는 용어를 예로 들어 보자. 성서에서 '의'는 대략 '옳은 것을 행하거나 옳은 것이 되거나 옳은 것을 선언하거나 달성하는 것'을 나타낸다. 갈등, 강제, 사회적 분배를 다루는 맥락에서 사용될 때 '의'는 종종 정의나 정의를 만들어 내는 힘을 지닌다. 그러나 현대 영어의 용법에서 '의'와 '정의'라는 말은 매우 다른 느낌을 준다. '의'는 개인적이고 도덕적인 순수함과 종교적 경건이라는 뜻을 가지고 있는 반면, '정의'는 공공의 사법적 공정함과 권리의 평등함과 관계가 있다. 즉, '의'는 사적이고 도덕적이고 종교적인 영역에 속하지만, '정의'는 공적이고 정치적이고 법적인 영역에 속한다. 그러나 성서에서 '의'는 우리가 '정의'라고 말하는 것을 포함한다. 히브리 성서에서는 종종 '의sedaqah'와 '정의mishpat'라는 말은 동의어로 쌍을 이루어 등장한다.

오직 정의를 물같이, 공의를 마르지 않는 강같이 흐르게 할지어다.(아모스 5:24)

보라 장차 한 왕이 공의로 통치할 것이요 방백들이 정의로 다스릴

것이며.(이사야 32:1)

하나님이여 주의 판단력을 왕에게 주시고 주의 공의를 왕의 아들에

게 주소서 그가 주의 백성을 공의로 재판하며 주의 가난한 자를 정의로

재판하리니.(시편 72:1~2)

그래서 성서에서 '의'는 정의를 행한다는 개념을 포함하고, 정의를

행한다는 것은 잘못된 것을 바로잡는다는 개념, 어떤 것을 '의로움' 또

는 '의'의 조건으로 회복시킨다는 개념을 뜻한다.

신약 성서가 정의에 대해서 거의 말하지 않는다고 말하는 사람들이

종종 있다. 그러나 이는 매우 잘못된 것이다. 일단 우리가 의라는 용어

가 정의라는 의미의 동일한 영역에 속해 있다는 사실을 인식하기만 하

면, 신약 성서는 정의에 대한 초점, 정의에 대한 헌신, 정의에 대한 인

식에 대하여 구약 성서와 조금도 다르지 않다는 사실이 분명해진다.

관련 개념

• 샬롬

샬롬은 '평화'를 뜻하는 히브리어 단어이다. 그러나 성서에서 평화는

무력 충돌이나 폭력의 부정적 부재 이상을 의미한다. 샬롬은 조화와 온전함, 건강과 번영, 통합과 균형의 적극적 현존을 의미한다. 그것은 실존의 모든 차원, 즉 하나님에 대한 우리의 관계, 서로에 대한 우리의 관계, 자연에 대한 우리의 관계, 우리 자신에 대한 우리의 관계에서 나타나는 건강함이나 번성함의

> **샬롬 안에서 평화와 정의가 함께한다.**

상태이다. 모든 것이 존재해야 하는 대로 존재할 때 샬롬은 존재한다. 이런 의미에서 샬롬은 인간을 위한 하나님의 근본 의도, 즉 사람들이 모든 삶의 영역에서 '모든 올바름'의 조건 속에서 살아가는 것을 뜻한다.

그러므로 샬롬은 정의와 평화의 의미를 한 개념 안에 결합시킨다. 샬롬을 아는 것은 정의와 평화 두 가지의 성취를 요구한다. 이 두 가지는 동일한 실재를 구성하는, 분리할 수 없는 요소이다.

한편, 정의 없이는 평화도 있을 수 없다.

> 그때에 정의가 광야에 거하며 공의가 아름다운 밭에 거하리니 공의의 열매는 화평이요 공의의 결과는 영원한 평안과 안전이라.(이사야 32:16~18)

> 내가 (⋯) 화평을 세워 관원으로 삼으며 공의를 세워 감독으로 삼으리니 다시는 강포한 일이 네 땅에 들리지 않을 것이요 황폐와 파멸이 네

국경 안에 다시 없을 것이며 네가 네 성벽을 구원이라, 네 성문을 찬송

이라 부를 것이라.(이사야 60:17~18)

다른 한편으로, 정의는 궁극적으로 평화에 반하는 수단에 의해 세워

질 수 없다. 전쟁 안에 정의는 없다. "자기 궁궐에서 포학과 겁탈을 쌓

는 자들이 바른 일 행할 줄 모르느니라"(아모스 3:10. 또한 아모스 1:3~2:4, 이사야

10:5~19을 보라)라고 아모스가 일갈한 것과 같다. 정의가 실천적인 평화를

필요로 한다는 사실은 예수의 사명 의식에서 중요했던 것으로 보이는

이사야 42장(이 부분은 앞으로 보게 될 것이다)에서 아주 명료하게 드러난다.

내가 붙드는 나의 종, 내 마음에 기뻐하는 자 곧 내가 택한 사람을

보라 내가 나의 영을 그에게 주었은즉 그가 이방에 정의를 베풀리라 그

는 외치지 아니하며 목소리를 높이지 아니하며 그 소리를 거리에 들리

게 하지 아니하며 상한 갈대를 꺾지 아니하며 꺼져가는 등불을 끄지 아

니하고 진실로 정의를 시행할 것이며 그는 쇠하지 아니하며 낙담하지

아니하고 세상에 정의를 세우기에 이르리니 섬들이 그 교훈을 앙망하

리라.(이사야 42:1~7, 비교 구절: 이사야 61:1~11)

• 언약

언약은 헌신된 관계에 대한 성서 용어, 또는 더 정확하게 말하자면,

관계를 성립시키고 양 당사자들의 권리와 책임을 규정하는 공식적 서

약formal commitment에 대한 성서 용어이다. 성서 이야기의 핵심에는 하나님과 이스라엘 사이에 맺어진 언약이 있다. 받을 자격이 없는 은총의 행위에서, 하나님은 이스라엘과의 독특한 관계, 곧 궁극적으로는 모든 다른 민족들을 위해서도 의도하셨던 관계에 관여할 것을 선택하신다.

이 언약 관계의 조건은 토라, 곧 시내 산에서 모세가 받아서 다음 세대들을 통해서 점차 알려지고 발전된 율법 안에 설명되어 있다. 이 율법은 이스라엘이 샬롬 안에서 살아가기 위해서 그리고 창조주 하나님께서 인간의 공동체를 위해 언제나 의도하셨던 것을 경험하기 위해서 필요한 것을 계시한다. 율법은 그 권위를 국가의 강제력으로부터가 아니라 인간의 축복과 성취를 위한 하나님의 뜻과 목적으로부터 끌어낸다. 만일 이스라엘이 하나님의 율법에 따라 살아감으로써 하나님과 이스라엘의 관계에 충실하다면 평화와 정의가 생길 것이다. 무엇보다도 이 율법은 모든 언약 백성들이 서로에 대해 정의와 자비를 가지고 행동할 것을 요구한다.

그러므로 성서적 정의는 언약적 정의covenant justice이다. 그것은 이스라엘의 하나님과의 특별한 관계의 실제적 성취이다. 정의는 하나님의 율법, 즉 인간의 삶을 위한 하나님의 의도인 샬롬에 대한 더욱 큰 비전으로부터 그 특성을 추론하는 그 율법에 대한 순종의 삶에서 흘러나온다. 그러므로 율법, 정의, 언약은 성서에서 서로 겹쳐지거나 서로 스며들어 있는 개념들이다.

• 토라

법은 의미상 법령을 포함한다. 성서의 율법도 마찬가지로 수백 개의 법적 요건들과 판결들을 포함한다. 그러나 성서의 율법은 현대적 의미에서 법령은 아니다. 현대 법전은 비인격적이고, 기술적으로 정확하고, 종합적이고, 일관성이 있다. 언어는 애매함을 제거하거나 최소화하기 위해서 문자 그대로 사용된다. 현대 법령의 주된 독자는 그 규정들을 해석해야 하고 집행해야 하는 전문 법조인이다.

그에 비해 성서의 율법은 좀 더 확고히 교육학적이거나 교육적인 기능을 가지고 있다. 그것은 법률 전문가들뿐만 아니라 전체 공동체를 대상으로 하나님과의 언약 관계 안에서의 삶이 무엇을 의미하는지를 단순한 용어로 설명한다.(특히 신명기 29:10~12을 보라) 토라는 실제로 '교훈 instruction'을 의미한다. 그것은 의로 교육하는 하나님의 수단이다. 여기에서 시편 기자의 서정적인 기쁨이 나온다.

여호와의 율법은 완전하여 영혼을 소성시키며 여호와의 증거는 확실하여 우둔한 자를 지혜롭게 하며 여호와의 교훈은 정직하여 마음을 기쁘게 하고 여호와의 계명은 순결하여 눈을 밝게 하시도다 여호와를 경외하는 도는 정결하여 영원까지 이르고 여호와의 법도 진실하여 다 의로우니 금 곧 많은 순금보다 다 사모할 것이며 꿀과 송이꿀보다 더 달도다.(시편 19:7~10)

언약법의 기본적인 교의는 언약 백성이 지켜야 할 계율의 외부 한계를 규정하는 십계명에 작성되어 있다. 즉, 우상을 섬기지 말 것, 살인하지 말 것, 간음하지 말 것, 도둑질하지 말 것, 이웃의 재물을 탐내지 말 것 등이다.(출애굽기 20:1~17, 신명기 5:6~21) 그리고 다른 곳에서 이 계율들이 구체적인 사회적 법규로, 즉 부분적으로는 보통 어떤 행동을 금지하거나 명하는 일반적 칙령이나 법규의 형태로, 또 부분적으로는 개인적 상황의 세부 내용을 말하는 특수한 판례법의 형태로 번역된다.

어느 경우이든 모든 상황에서 글자 그대로 적용되어야 했던, 변경을 허락하지 않는 계율들을 다루고 있는 것은 아니다. 모세 오경을 형성하고 있는 다양한 계율들의 배열은 오랜 시간에 걸쳐서 다양한 환경에서 이루어졌기 때문에 다른 상황에서도 도움이 될 만한 법적 추론의 대표적인 예로 이해되는 것이 바람직하다. 그런 지침을 이끌어 낼 때 재판관들은 상당한 재량을 가졌다. 그들은 기록된 토라뿐만 아니라 선례, 환경, 구전의 인도를 받았다. 명령은 "정의, 오직 정의를 행하라"는 것이었지, 단순히 긍정적인 법규를 시행하라는 것이 아니었다.(신명기 16:18~20, 17:8~13)

이 모든 것은 현대인들에게는 구약 율법의 가장 충격적인 특징들 중의 하나인, 빈번하게 사형에 의지하는 것을 설명하는 데 도움을 줄 수 있다. 약 20가지 범죄들에 사형이라는 처벌이 따른다. 이것은 18세기 유럽의 법에 기재된 수백 가지 사형 범죄들보다는 훨씬 적지만, 여전히 많은 것이다. 심지어 부모를 때리는 것이나 간음하는 것, 다른 사람의 약혼자와 성교하는 것, 또는 안식일 규정들을 어기는 것들조차도 죽음으로 처벌해야 하는 것이었다. 어떤 이는 고대 이스라엘의 거리가 무릎 깊이의 피로 넘쳐났을 것으로 상상할지도 모른다.

그러나 그런 경우 규정된 형벌이 문자적으로만 시행되었을 것이라는 사실을 의심할 만한 좋은 근거가 있다. 구약에는 사형 죄를 범한 사람들이 처형을 당하지 않은 이야기들이 많이 있어서 그 형벌이 엄격하게 적용되었다고 생각할 수 없다. 어떤 행위들에 대해 궁극적인 제재를 부여하는 목적은 그것들을 특별히 심각한 것으로 특징짓기 위한 것이다. 사법적 죽음의 위협은 사람들의 주의를 끌기 위함이고, 특별한 악행, 특히 십계명에서 명확히 표현된 중요한 언약의 원칙들을 어긴 악행들에 대해 엄숙한 경고를 주기 위함이다.(십계명에서 일곱 가지가 성서 율법에서 사형 범죄와 관계가 있다.) 그래서 성서의 율법이 어떤 행위들은 죽음을 당해야 할 만큼 심각하다고 선언한다는 사실은 실제의 범행에 대해 언제나 또는 심지어 전형적으로 죽음이 요구되는 것을 말하는 것은 아니다.

• 행위–결과

이것은 우리를 정의에 대한 성서적 이해에서 신적 징벌의 위치에 대한 어려운 질문으로 인도한다. 나중에 보게 될 것이지만, 성서에는 불순종하고 불성실한 일개 죄인이나 전체 민족에게 내려진 하나님의 처벌에 관한 이야기들이 많이 있다. 때때로 형벌의 위협은 사람들로 하여금 죄와 반역을 지속하는 것을 단념시키기 위해 사용된다. 한편, 국가에 닥친 자연적·군사적 재해들이 이스라엘이 언약 관계를 지키지 못한 것에 대한 하나님의 형벌로 묘사된다. 바꿔 말하면, 인간의 재난이 하나님의 진노가 임한 것으로 해석된다.(로마서 1:18~32을 보라) 우리는 개인적인 고통과 역사적 재난을 바라보는 이런 방식을 어떻게 생각해야 하는가?

하나님이 인간사에 능동적이고 징벌적으로 개입하시는 것에 대한 성서의 주장들은 우리의 행위가 그 자체로 고유한 결과를 수반한다고 믿는 기본적 관점에 비추어 평가되어야 한다. 인간의 행위 그 자체 안에는 그 행위 결과에 따라 행위자들을 이끌어 가는 힘이 있다. 그 힘은 행위가 선한지 악한지에 따라 축복을 가져오기도 하고 해를 가져오기도 한다.(대표적인 본문은 신명기 30장이다.) '죄'는 '재난'과 연결되는 한편, '의'는 '축복'과 연결된다. "재앙은 죄인을 따르고 선한 번영은 의인에게 이르느니라"(잠언 13:21)라는 성서 구절은 왜 모든 일련의 히브리 용어들이 행위와 그 결과의 묘사에 사용되는지를 설명해 준다. 예를 들면, *hatta't* 라는 단어는 '죄'와 '재난'을 의미하고, 아마도 '형벌'을 표상하는 가장 가까운 히브리어일 것이다.

이러한 인과응보 구조는 하나님과 관계없이 작용하는 일종의 비인격적 인과 관계 기제가 아니다. 그와는 반대로 하나님은 그 과정이 맨 먼저 작동하는 것을 보장하는 분이다. 하나님은 인간의 행위와 그 결과 사이의 상호 작용에 직접 관련되어 있다. 하나님의 직접적인 힘God's direct agency이 벌(또는 축복)을 내리는 것이 성서에서 반복적으로 확인되고 있기는 하지만, 사람들 스스로 또는 다른 사람들이 그들의 행위로 심었던 것을 그들이 거둔다는 중요한 의미는 남아 있다. 실제로 벌은 종종 스스로 자초한 것이다. 하나님은 필히 사람들이 행한 대로 돌려받게 하신다는 점을 고려하면, 하나님은 책임적인 분이다. 사도 바울이 표현한 대로, 하나님은 사람들의 선택대로 '그들을 내버려 두신다.'(로마서 1:24, 1:26, 1:28)

이런 방식으로 이해해 본다면, 인간의 법정에서 부과된 사법적 처벌도 성서적 관점 안에서는 하나님의 진노의 표현으로 간주될 수 있다.(예를 들면, 로마서 13:3~6을 보라) 이것은 하나님이 반드시 개인적인 처벌을 재가하거나 집행한다고 시사하는 것은 아니다.

오히려 악행에 대한 정의로운 법적 처벌이 하나님이 현실을 만들어 가는 방식에 근거를 둔 깊은 도덕적 진리를 극적으로 표현하거나 구체화하는 데 도움이 된다는 의미에서 처벌은 하나님의 진노와 관련되어 있다. 인간의 행위는 당연히 중요하고, 우리는 그 결과에 대해 책임을 피할 수 없다. 왜냐하면 이것은 인간의 자유의 본질적인 전제 조건이기 때문이다.

• 속죄-용서

마지막으로 성서에서 죄를 다루기 위한 기제에 대하여 간단하게 언급할 필요가 있다. 구약의 속죄 의식들이 동물의 희생 또는 희생양의 사용을 포함하기 때문에 현대 독자들은 때때로 전 체계가 대신 받는 형벌에 의존해 있다고 생각한다.(레위기 4~5장, 8~9장, 16장, 비교 구절: 출애굽기 29 장, 민수기 19장, 신명기 21장, 히브리서 9~10장) 이런 관점에서 보면, 제물은 하나 님께서 심판을 죄를 지은 인간들로부터 죄 없는 희생 제물에게 옮길 수 있는 수단이었고, 그렇게 함으로써 정의의 요구와 타협함 없이 죄인들 에게 용서를 줄 수 있는 길을 개척했다. 그래서 이 계획schema은 신약에 서 그리스도의 대속적 죽음이 어떻게 구원을 성취하는지를 설명하기 위해 사용된다.

그러나 이것은 성서가 말하는 속죄 의식에 대한 설명으로는 적합하 지 않다. 성서의 세계관에서 죄는 죄책감을 불러일으키는 도덕적 실패 의 문제로 간주될 뿐만 아니라 그것이 제거되지 않는다면 전염병처럼 퍼질 우려가 있는 오염 또는 타락의 원천으로 간주된다. 이 점에서 속 죄 제물은 대신 받는 벌이 아니라 대신 받는 **죄 씻음**의 수단으로 작용 한다. 제물은 제물을 바치는 사람들을 대리한다. 죄가 없어지도록 하기 위해 그들의 손을 동물 위에 놓음으로써 제물을 바치는 사람들은 상징 적으로 죄를 그들의 대리자에게 전가한다. 그들에게 용서가 일어난다.

그러나 이 용서가 주어진 것은 대신 받는 처벌이 일어났기 때문이 아니라 사람들이 의식에 참여함으로써 깊은 후회와 헌신을 보였기 때 문이다. 이렇게 해서 사람들의 죄로 인해 깨어진 언약 관계가 회복된 다. 속죄를 위한 처벌의 어떤 행위가 아니라, 하나님의 진노가 사라지 고 하나님의 정의가 만족스럽게 실현됨으로써 회복이 이루어지는 것 이다. 다시 상황이 올바르게 되었다. 물론 신약에서 인간의 죄와 불결

함을 '올바르게 만드는' 하나님의 가장 확실한 수단으로서 역할을 하는 것은 바로 예수의 대리적인 희생적 죽음이다.

요약

정의에 대한 성서적 숙고는 많은 면에서 우리와는 아주 다른 신학적이고 문화적인 세계관 안에서 일어난다. 이런 관점에 따라 이스라엘은 하나님과 독특한 **언약** 관계 안에 존재한다. 이 관계는 하나님의 **정의**, 하나님의 절대적인 선과 약속에 대한 신실함에 의존한다. 이스라엘은 하나님의 율법인 토라에 따라 살아감으로써 언약을 지킨다. 이 율법의 목적은 이스라엘로 하여금 하나님이 언제나 창조 세계에서 인간을 위해 의도하셨던 복지와 온전성의 상태인 샬롬을 경험할 수 있도록 하려는 것이다. 그러나 그런 샬롬은 무서운 결과를 가져오는, 죄를 짓는 이스라엘의 **행위**에 의해 끊임없이 방해를 받고 있다. 하나님의 율법은 속죄가 이루어지고 **용서**가 경험되도록 하기 위해서 이 **결과**를 속죄 제물에게 돌리는 수단을 제공한다.

정의에 대한 성서적 개념은 이렇듯 서로 밀접하게 연관된 신념들의 복합 개념들을 통해 구체화된다. 이제 이 정의의 윤곽을 좀 더 자세하게 살펴보기로 하자.

성서적 정의의 윤곽

(3장)

이제 우리는 정의에 관한 성서의 가르침을 체계화해 주는 어떤 특별한 강조점과 통찰을 확인할 자리에 있다. 출발점은 정의 자체가 시작되는 지점인 하나님의 본성이다.

하나님의 속성

성서 저자들은 정의를 무엇보다도 하나님의 특성 또는 덕으로 간주한다. 이로 인해 그들은 정의라는 주제에 대해 엄청난 관심을 보인다. 정의는 바로 하나님의 본성에 속한다. 정의는 하나님이 갈망하는 어떤 것이 아니라 하나님의 존재와 하나님의 사역의 핵심이다. (이사야 24:16,

30:18, 45:21, 창세기 18:25, 역대하 12:6, 느헤미야 9:8, 시편 7:9, 89:14, 97:2, 103:17, 예레미야

9:24, 다니엘 9:14, 스바냐 3:5, 스가랴 8:8, 로마서 3:26, 9:14, 베드로전서 2:23, 요한계시록 15:3)

> 내가 여호와의 이름을 전파하리니 너희는 우리 하나님께 위엄을 돌
> 릴지어다 그는 반석이시니 그가 하신 일이 완전하고 그의 모든 길이 정
> 의롭고 진실하고 거짓이 없으신 하나님이시니 공의로우시고 바르시도
> 다.(신명기 32:3~4)

> 여호와께서는 그 모든 행위에 의로우시며 그 모든 일에 은혜로우시
> 도다.(시편 145:17)

창조주 하나님의 속성인 정의는 창조의 기본 계획을 제공한다. 시편
에 따르면 정의는 하나님 보좌의 '기초'이고, 우주의 기초이다.(시편 89:14,

97:2, 비교 구절: 시편 102:25, 욥기 38:4, 이사야 48:13)

**정의는 하나님의 존재와
사역의 핵심이다.**

정의는 우주의 '올바른 배열', 곧 하나님께
서 바라시는 현실의 작동 방식을 가리킨다.
하나님은 하나님 자신의 고유한 정의와 의

를 표현하고, 그에 따라 세상을 창조하셨다.

성서 저자들로 하여금 어디에서든 불의를 비난하도록 허락하는 것
은 바로 하나님이 모든 정의의 원천이고 척도라는 기본 확신이다. 그것
은 그들로 하여금 이스라엘뿐만 아니라 모든 나라들의 악행에 대한 하

나님의 심판을 고지하도록 강하게 요구한다. 하나님은 '세상을 의로 심판하시며, **사람들**을 공평으로 심판하실 것'이므로 모든 나라는 하나님께 책임 있는 대답을 해야 한다.(시편 98:9, 비교 구절: 시편 9:8)

신적인 정의에 대한 이러한 보편적 견해는 시편 82편에서 두드러지게 묘사된다. 시편 82편은, 정의를 왜곡하는 다른 나라의 신이나 통치자들을 심판하시는 이스라엘의 하나님 여호와를 그려 낸다. 이 시편은 하나님의 정의에 대한 모든 사람들의 책임을 강조하는 것으로 끝난다.

> 하나님은 신들의 모임 가운데에 서시며 하나님은 그들 가운데에서 재판하시느니라 너희가 불공평한 판단을 하며 악인의 낯 보기를 언제까지 하려느냐 가난한 자와 고아를 위하여 판단하며 곤란한 자와 빈궁한 자에게 공의를 베풀지며 가난한 자와 궁핍한 자를 구원하여 악인들의 손에서 건질지니라 하시는도다 (…) 하나님이여 일어나사 세상을 심판하소서 모든 나라가 주의 소유이기 때문이니이다.(시편 82:1~4, 82:8)

신정론(神正論, 문자 그대로 '하나님의 정당화')이라는 괴로운 문제를 일으키는 것은 바로 하나님의 고유한 정의에 대한 이러한 확고한 믿음이다. 어떻게 명백한 악을 통해 하나님의 선과 정의의 정당성이 입증될 수 있을까? 어떻게 전능하신 창조주 하나님, 곧 '정의를 사랑'하는 하나님이 세상의 그런 잔인한 불의를 용인하시는 것일까?(이사야 61:8, 시편 33:5, 37:28, 99:4) 하박국 선지자가 이 문제를 설득력 있게 표현한다.

주께서는 눈이 정결하시므로 악을 차마 보지 못하시며 패역을 차마 보지 못하시거늘 어찌하여 거짓된 자들을 방관하시며 악인이 자기보다 의로운 사람을 삼키는데도 잠잠하시나이까.(하박국 1:13, 비교 구절: 시편 96:10, 96:13, 97:1~2, 97:6, 99:1~4, 로마서 1:18, 3:6)

여기서 선지자가 일상사에서 나타나는 명백한 악의 승리에도 불구하고 하나님 자신의 정의와 신실하심의 실재를 문제시하지 않는다는 사실에 주목하자. 현재의 경험에 어떤 모순이 있더라도 성서 저자들은 하나님의 정의가 아무래도 손상되었다거나 하나님의 능력에 한계가 있을지도 모른다는 가능성을 결코 생각하지 않는다. 그들로서는 여호와가 정의에서 완전하다는 것에 대한 의심은 추호도 있을 수 없다. 왜냐하면 이스라엘은 역사 속에서 하나님의 정의의 승리를 목격했기 때문이다.(신명기 32:4, 사무엘하 22:31, 시편 18:30) 이스라엘은 하나님이 노예 상태의 압제로부터 자신을 해방시키고 광야에서 자신을 이끌어 자유롭고 독립된 백성으로 만들기 위해서 역사에 개입하셨음을 보았다. 이스라엘이 겪은 구체적인 경험은 "여호와는 정의의 하나님"(이사야 30:18)이라는 사실을 끊임없이 증명했다.

여호와의 정의는 이스라엘에게 주어진 율법의 선물 안에서 또한 확인되었다. 이 율법 안에서 하나님은 당신이 언약 백성들에게 하셨던 것과 동일한 방식으로, 즉 언약 백성들이 서로에게 정의롭고 자비롭고 공평하게 행동할 것을 요구한다.

너는 객이나 고아의 송사를 억울하게 하지 말며 과부의 옷을 전당

잡지 말라 너는 애굽에서 종 되었던 일과 네 하나님 여호와께서 너를

거기서 속량하신 것을 기억하라 이러므로 내가 네게 이 일을 행하라 명

령하노라.(신명기 24:17~18, 비교 구절: 출애굽기 20:2 이하, 레위기 19:36, 25:38, 26:13, 민

수기 15:41, 신명기 5:6 이하)

그래서 성서 저자들에게 정의는 하나님의 본성에 뿌리를 두고 하

나님과 세상의 모든 상호 작용을 결정하는 것이다. 미국 흑인 민권 운

동의 위대한 지도자인 마틴 루서 킹은

> **정의에 대한 우리의 지식은 궁극적으로 하나님에 대한 우리의 지식에서 비롯된다.**

"세상은 정의의 편에 서 있다."라고 선

언함으로써 성서 전통의 기본 전제를

반향하고 있었다. 정의는 모든 현실의

객관적 기초이다. 이 정의는 본질적으로 철학적 사변을 통해서가 아니

라 압제받는 자들을 자유하게 하시는 하나님의 **행동**을 관찰하는 것을

통해서, 그리고 약자들을 보호하고 돌보라는 율법과 예언서의 하나님

의 **말씀**에 유념하는 것을 통해서 알려진다.

이것은 정의에 대한 우리의 지식이 하나님에 대한 우리의 지식에서

나온다는 사실과 정의에 대한 하나님 자신의 무한한 헌신을 인식하지

않고서는 하나님에 대한 참된 지식이 있을 수 없다는 사실을 의미한다.

하나님 모방하기

성서의 창조 이야기에서 하나님의 형상과 모양으로 만들어진 존재는 인간뿐이다.(창세기 1:26~27, 비교 구절: 창세기 2:7, 5:1~2, 9:6) 하나님의 대리자로 창조된 인간은 이 세상에 존재하는 하나님의 아이콘이라 할 수 있다. 인간은 하나님의 사랑의 통치가 지상에서 보일 수 있게 하는 수단이다. 하나님은 정의의 하나님이기 때문에 하나님의 형상을 지닌 사람들 또한 정의의 대행자가 되어야 한다. 그들은 정의가 무엇인지를 하나님에게서 배워야 하고, 그들이 배운 것을 세상에서 행동으로 재현하는 법을 배워야 한다.

> **하나님의 형상을 지닌 사람들 또한 정의의 대행자가 되어야 한다.**

비극적이게도 죄가 들어옴으로써 하나님에 대한 진리를 아는 능력과 정의롭게 사는 인간의 능력이 왜곡되었다. 경쟁, 폭력, 타락이 인간의 공동체에서 쏟아져 나왔다.(창세기 4:1~16, 4:23~24, 6:1~8, 6:11~13) 그러나 아브라함의 부르심과 이스라엘의 선택으로 시작되는 하나님의 구속redemptive 행위는 인간을 창조 안에서 의도되었던 본래의 역할을 하도록 복귀시키는 것을 목적으로 한다. 이스라엘을 향한 하나님의 구원saving 행위 안에서 신적 정의의 본성이 새롭게 밝혀지고, 또다시 그 수혜자들은 그들이 보았던 것을 본받도록 가르침을 받는다.(레위기 11:45, 19:2, 20:26, 민수기 15:40, 베드로전서 1:16)

내 백성아 (…) 내가 너를 애굽 땅에서 인도해 내어 종 노릇 하는 집에서 속량하였고, 모세와 아론과 미리암을 네 앞에 보냈느니라 내 백성아 (…) 기억하라 그리하면 나 여호와가 공의롭게 행한 일을 (…) 사람아 주께서 선한 것이 무엇임을 네게 보이셨나니 여호와께서 네게 구하시는 것은 오직 정의를 행하며 인자를 사랑하며 겸손하게 네 하나님과 함께 행하는 것이 아니냐.(미가 6:3~8)

너희의 하나님 여호와는 신 가운데 신이시며 주 가운데 주시요 크고 능하시며 두려우신 하나님이시라 사람을 외모로 보지 아니하시며 뇌물을 받지 아니하시고 고아와 과부를 위하여 정의를 행하시며 나그네를 사랑하여 그에게 떡과 옷을 주시나니 너희는 나그네를 사랑하라 전에 너희도 애굽 땅에서 나그네 되었음이니라.(신명기 10:17~19)

성서의 예언자들에 따르면, 하나님의 정의를 본받는 것은 하나님을 안다는 것이 무슨 의미인지를 알려 주는 증거이다. 진정으로 하나님에 대해 안다는 것은 정의를 향한 하나님의 확고한 헌신devotion을 이해하고 하나님의 정의에 따라 살아가겠다는 헌신commitment을 의미한다.(호세아 4:1~2, 5:4, 6:6, 예레미야 2:8, 4:22, 9:2~6, 9:24, 22:16, 이사야 58:2, 디도서 1:16, 요한1서 4:8을 보라) 예레미야가 단언한 대로 하나님을 아는 것은 지식이나 부 또는 권력을 소유하는 것보다 훨씬 더 중요하다. 그러나 하나님을 아는 것에는 교의를 고백하거나 종교 경험을 가지는 것 말고도 더 많은 것이 있다. 그것은 하나님의 열정과 우선순위God's personal passions and priorities를 발견하는 것을 포함하며, 그와 마찬가지로 그것들에 응답하는 것을 포함한다.

여호와께서 이와 같이 말씀하시되 지혜로운 자는 그의 지혜를 자랑하지 말라 용사는 그의 용맹을 자랑하지 말라 부자는 그의 부함을 자랑하지 말라 자랑하는 자는 이것으로 자랑할지니 곧 명철하여 나를 아는 것과 나 여호와는 사랑과 정의와 공의를 땅에 행하는 자인 줄 깨닫는 것이라 나는 이 일을 기뻐하노라 여호와의 말씀이니라.(예레미야 9:23~24, 비교 구절: 고린도전서 1:18~21)

또한 예레미야는 여호야김 왕이 노동 착취를 통해 대단히 호화스러운 궁궐을 짓자 그를 비난했다. 예레미야는 여호야김 왕에게 그의 아버지 요시아의 헌신, 즉 요시아에게 축복을 가져다주었을 뿐만 아니라 하나님에 대한 참된 이해를 나타냈던 바, '정의와 의를 행하였던 모습'을 본받으라고 요구했다.

불의로 그 집을 세우며 부정하게 그 다락방을 지으며 자기의 이웃을 고용하고 그의 품삯을 주지 아니하는 자에게 화 있을진저 그가 이르기를 내가 나를 위하여 큰 집과 넓은 다락방을 지으리라 하고 자기를 위하여 창문을 만들고 그것에 백향목으로 입히고 붉은 빛으로 칠하도다 네가 백향목을 많이 사용하여 왕이 될 수 있겠느냐 네 아버지가 먹거나 마시지 아니하였으며 정의와 공의를 행하지 아니하였느냐 그때에 그가 형통하였었느니라 그는 가난한 자와 궁핍한 자를 변호하고 형통하였나니 이것이 나를 앎이 아니냐 여호와의 말씀이니라.(예레미야 22:13~16)

소망의 대상

더 좋은 미래에 대한 기대를 확신하는 성서의 소망은 하나님의 정의와 신실하심에 대한 지식에 뿌리를 두고 있다. 하나님이 정의의 원천이자 옹호자이기 때문에, 그리고 하나님은 완전히 신뢰할 만한 분이기 때문에 언제나 적극적인 변화에 대한 소망이 있다. 현재는 악과 불의에 의해 암울해질 수 있지만, 영원히 압제받는 자의 편에 서 계신 '소망의 하나님'께서 최종적인 구원의 방향으로 신비스럽게 역사를 움직이고 계신다.(로마서 15:13, 8:18~30) 시편 기자는 "야곱의 하나님을 자기의 도움으로 삼으며 여호와 자기 하나님에게 자기의 소망을 두는 자는 복이 있도다. 여호와는 (…) 억눌린 사람들을 위해 정의로 심판하시며 주린 자들에게 먹을 것을 주시는 이시로다"라고 외친다.(시편 146:5~7, 비교 구절: 시편 10:17~18, 103:6~7)

과거와 현재에 나타난 하나님의 행위를 관찰함으로써 정의의 의미를 배울 수 있다. 그러나 정의의 완전한 계시는 여전히 소망의 대상이다. 그것은 입증되어야 할 어떤 것이다. 이것은 우리가 현재 환경을 어떻게 보아야 하느냐에 대해 두 가지 중요한 의미를 지닌다.

• 비판의 근거

존재하는 어떤 정치 체제나 경제 질서도 완전하거나 적절한 정의의 실현으로 간주될 수 없다. 모든 인간적인 사회 구조와 권력의 중심은 궁극적으로 중요하지 않다. 정의를 창조하려는 모든 인간의 시도는 도래하는 하나님의 나라의 완전한 정의와 비교하여 평가할 때 불가피하게 부분적이고 제한적이다. 그러므로 언제나 비판의 여지가 있다. 결코 자기만족의 근거는 없으며, 언제나 진보할 필요가 있다.

• 행동의 요청

현재의 불의를 결코 단순히 묵인하거나 불가피한 것으로 받아들여서는 안 된다. 우리는 하나님이 세상의 악을 없애기 위해 오실 것을 수동적으로 기다리면서 그 악에 몸을 맡겨서는 안 된다. 오히려 우리는 하나님은 새로운 창조 안에서 우리의 노력을 궁극적으로 결실되도록 하실 것이라는 사실을 인식하면서 지금 여기에서 정의의 더 큰 달성을 위해 하나님과 협력하는 가운데 꾸준히 노력해야 한다. 하나님의 도래하는 정의는 지금 여기에서의 더 큰 정의를 위한 인간의 노력을 대신하는 것이 아니라 그 노력의 완성culmination이다.

첫 번째 의무

정의는 언제나 노력이다. 정의는 그저 생기지 않으며, 자발적으로 나타나지도 않는다. 또한 정의는 시장의 힘의 작용이나 서구 민주주의의 확장과 같은 그 어떤 것의 자동적 또는 우연한 부산물도 아니다. 정의는 헌신과 투쟁을 요구한다. 평화와 마찬가지로 정의는 헌신적으로 추구되어야 한다. 왜냐하면 모든 사회에는 착취와 억압의 구조를 유지함으로써 기득권을 가지게 되는 강력한 세력이 있기 때문이다.(이사야 51:1, 디모데전서 6:11, 디모데후서 2:2, 비교 구절: 시편 34:14, 로마서 14:19, 히브리서 12:14, 베드로전서 3:11, 고린도전서 14:1) 전도서의 설교자 역시 이것을 너무도 잘 알고 있다.

> 정의를 추구하는 것은 하나님의 백성들에게 주어진 첫 번째 의무가 되어야 한다.

내가 다시 해 아래에서 행하는 모든 학대를 살펴보았도다 보라 학대받는 자들의 눈물이로다 그들에게 위로자가 없도다 그들을 학대하는 자들의 손에는 권세가 있으나 그들에게는 위로자가 없도다.(전도서 4:1)

너는 어느 지방에서든지 빈민을 학대하는 것과 정의와 공의를 짓밟는 것을 볼지라도 그것을 이상히 여기지 말라 높은 자는 더 높은 자가 감찰하고 또 그들보다 더 높은 자들도 있음이니라.(전도서 5:8)

그러므로 정의를 추구하는 것은 하나님의 백성들에게 주어진 첫 번째 의무가 되어야 한다. 성서의 예언자들은 정의에 대한 헌신이 없다면 하나님을 예배하는 모든 수단들, 심지어 하나님의 율법에 의해 명령을 받은 사람들조차도 아무것도 아니라고 말한다. 정의가 없는 종교 행위는 다만 하나님을 역겹게 하는 것이라고 아모스는 선포한다.

> 내가 너희 절기들을 미워하여 멸시하며 너희 성회들을 기뻐하지 아니하나니 너희가 내게 번제나 소제를 드릴지라도 내가 받지 아니할 것이요 너희의 살진 희생의 화목제도 내가 돌아보지 아니하리라 네 노랫소리를 내 앞에서 그칠지어다 네 비파 소리도 내가 듣지 아니하리라 오직 정의를 물같이, 공의를 마르지 않는 강같이 흐르게 할지어다.(아모스 5:21~24)

미가는 희생 제물의 양과 질을 증대시키는 것조차 정의, 친절과 겸손을 상쇄할 수 없다고 경고한다.

> 내가 무엇을 가지고 여호와 앞에 나아가며 높으신 하나님께 경배할까 내가 번제물로 일년 된 송아지를 가지고 그 앞에 나아갈까 여호와께서 천천의 숫양이나 만만의 강물 같은 기름을 기뻐하실까 내 허물을 위하여 내 맏아들을, 내 영혼의 죄로 말미암아 내 몸의 열매를 드릴까 사람아 주께서 선한 것이 무엇임을 네게 보이셨나니 여호와께서 네게 구

하시는 것은 오직 정의를 향하며 인자를 사랑하며 겸손하게 네 하나님

과 함께 행하는 것이 아니냐.(미가 6:6~8)

이사야 역시 불의와 압제를 감추는 종교 행위를 싫어하시는 하나님을 강조한다.

너희가 손을 펼 때에 내가 내 눈을 너희에게서 가리고 너희가 많이

기도할지라도 내가 듣지 아니하리니 이는 너희의 손에 피가 가득함이

라 너희는 스스로 씻으며 스스로 깨끗하게 하여 내 목전에서 너희 악한

행실을 버리며 행악을 그치고 선행을 배우며 정의를 구하며 학대받는

자를 도와주며 고아를 위하여 신원하며 과부를 위하여 변호하라 하셨

느니라.(이사야 1:15~17)

다른 곳에서 이사야는 백성이 정의를 실천하지 않으면서 금식을 '하나님을 찾는 것' '하나님을 기뻐하는 것' '하나님을 부르는 것'의 효과적인 수단으로 사용하는 것을 비난한다. 노동자들이 압제당하고, 폭력이 자행되며, 가난한 자들이 배고파할 때 금식은 하나님에게 아무런 영향력도 가지지 못한다.

내가 기뻐하는 금식은 흉악의 결박을 풀어 주며 멍에의 줄을 끌러

주며 압제당하는 자를 자유하게 하며 모든 멍에를 꺾는 것이 아니겠느

냐 또 주린 자에게 네 양식을 나누어 주며 유리하는 빈민을 집에 들이며 헐벗은 자를 보면 입히며 또 네 골육을 피하여 스스로 숨지 아니하는 것이 아니겠느냐 (…) 네가 부를 때에는 나 여호와가 응답하겠고 네가 부르짖을 때에는 내가 여기 있다 하리라.(이사야 58:6~9)

그러므로 성서의 예언자들에게 거룩함holiness은 단순히 민족을 차별하는 문제가 아니며, 하나님의 선민으로서 다른 백성들과 분리하는 문제도 아니다.(신명기 7:6, 14:2~21, 26:19, 비교 구절: 레위기 20:26) 또한 그것은 근본적으로 규정된 종교 의식을 준수하는 문제도 아니다. **거룩함의 본질적인 특징은 정의로운 생활 방식이다.** "오직 만군의 여호와는 정의로우시므로 높임을 받으시며 거룩하신 하나님은 공의로우시므로 거룩하다 일컬음을 받으시리니"(이사야 5:16) 하나님의 사람들 역시 정의에 대한 그들의 열정으로 그들의 구별됨을 드러내야 한다. 왜냐하면 거룩함이란 분리를 의미할 뿐만 아니라 온전성을 의미하기 때문이다. 그것은 완전함과 일치와 선함의 삶, 하나님 자신의 신실함과 자기 일관성을 반영하는 삶, 정의에 의해 활발하게 움직이는 삶을 말한다.

행동에 대한 책임

성서에서의 정의는 추상적인 철학적 개념도 아니고, 평가의 수리적 원리도 아니라는 사실을 우리는 여러 번 강조했다. 그것은 하나님이 어떤 분이며, 하나님이 어떻게 세상과 관계하시는지에 대한 설명이다.(시편 103:13~14, 145:9) 그것은 하나님이 압제받는 이스라엘에 대하여, 그리고 이스라엘 안에서 압제받는 자들에게 행동하신 방식 안에서 가장 분명하게 알려진다.(출애굽기 3:7~8, 시편 10:13~17, 35:10, 140:12, 예레미야 20:13) 정의는 고정된 이념이 아니며, 사회 안에서 비교적 안정적인 어떤 상태를 유지하는 것도 아니다. 성서적 정의에서의 강조점은 적극적인 행동, 압제자에게 저항하고 압제당하는 자들을 자유롭게 하려는 힘의 행사에 있다. 그래서 아모스는 정의를 서구 전통에서처럼 깔끔하게 균형 잡힌 저울이라기보다는 큰 소리를 내며 흐르는 강thundering river으로 묘사하고 있다.(아모스 5:21~24)

> 성서적 정의에는 율법과 질서의 보존보다 더 큰 것이 있다.

성서적 정의에는 율법과 질서의 보존보다 더 큰 것이 있다. 왜냐하면 율법이 불의해질 수 있고, 질서가 폭력에 의존할 수 있기 때문이다. 성서적 정의는 조직적 악에 대한 능동적인 응답, 즉 "흉악의 결박을 풀어 주며 멍에의 줄을 끌러 주며 압제당하는 자를 자유하게 하며 모든 멍에를 꺾는 것"(이사야 58:6)을 위해 철저하게 개입하는 것을 요구한다. 그것은 "아침마다 정의롭게 판결하여 탈취당한 자를 압박자의 손에서 건지"(예레미야 21:12)기 위한 확고부동한 헌신을 수반한다.

이사야에 따르면, 하나님은 불의에 격노하실 뿐만 아니라 불의에 대항해 무언가를 하지 못한 사람에게도 격노하신다.

> 이는 우리의 허물이 주의 앞에 심히 많으며 우리의 죄가 우리를 쳐서 증언하오니 (…) 정의가 뒤로 물리침이 되고 공의가 멀리 섰으며 성실이 거리에 엎드러지고 정직이 나타나지 못하는도다 성실이 없어지므로 악을 떠나는 자가 탈취를 당하는도다 여호와께서 이를 살피시고 그 정의가 없는 것을 기뻐하지 아니하시고 사람이 없음을 보시며 중재자가 없음을 이상히 여기셨으므로 자기 팔로 스스로 구원을 베푸시며 자기의 공의를 스스로 의지하사 공의를 갑옷으로 삼으시며 구원을 자기의 머리에 써서 투구로 삼으시며 보복을 속옷으로 삼으시며 열심을 입어 겉옷으로 삼으시고.(이사야 59:12~17, 비교 구절: 에스겔 22:25~30)

물론 정의를 추구해야 할 가장 큰 책임이 있는 사람은 사회에서 권력authority을 가진 사람들이다. 정치 이론에서 거의 일반적으로 수용되고 있는 것, 즉 정의를 확보하는 것은 정부의 최우선 과제라는 사실은 성서에서도 마찬가지이다. 모세는 이스라엘의 부족 지도자들에게 '정의, 오직 정의'를 집행하라고 가르쳤다.

> 네 하나님 여호와께서 네게 주시는 각 성에서 네 지파를 따라 재판장들과 지도자들을 둘 것이요 그들은 공의로 백성을 재판할 것이니라 너는 재판을 굽게 하지 말며 사람을 외모로 보지 말며 또 뇌물을 받지

말라 뇌물은 지혜자의 눈을 어둡게 하고 의인의 말을 굽게 하느니라 너는 마땅히 공의만을 따르라 그리하면 네가 살겠고 네 하나님 여호와께서 네게 주시는 땅을 차지하리라.(신명기 16:18~20, 비교 구절: 출애굽기 18:13~23)

마찬가지로 히브리 왕의 주된 책임은 강자를 제지하고 약자를 보호함으로써 정의가 반드시 땅에 널리 퍼지도록 하는 것이었다.

여호와께서 당신을 기뻐하사 이스라엘 왕위에 올리셨고 여호와께서 영원히 이스라엘을 사랑하시므로 당신을 세워 왕으로 삼아 정의와 공의를 행하게 하셨도다.(열왕기상 10:9, 비교 구절: 사무엘하 8:15, 신명기 17:18~20)

하나님이여 주의 판단력을 왕에게 주시고 주의 공의를 왕의 아들에게 주소서 그가 주의 백성을 공의로 재판하며 주의 가난한 자를 정의로 재판하리니.(시편 72:1~2)

다윗의 왕위에 앉은 유다 왕이여 너와 네 신하와 이 문들로 들어오는 네 백성은 여호와의 말씀을 들을지니라 여호와께서 이와 같이 말씀하시되 너희가 정의와 공의를 행하여 탈취당한 자를 압박하는 자의 손에서 건지고 이방인과 고아와 과부를 압제하거나 학대하지 말며 이곳에서 무죄한 피를 흘리지 말라.(예레미야 22:2~3, 22:15~16, 비교 구절: 에스겔 45:9)

정의를 행하는 것은 가장 높은 왕의 의무였기 때문에 미래 메시아, 즉 도래하는 이상적인 왕의 과제는 하나님의 정의와 평화가 충만하도록 하는 것이었다.

여호와의 말씀이니라 보라 때가 이르리니 내가 다윗에게 한 의로운 가지를 일으킬 것이라 그가 왕이 되어 지혜롭게 다스리며 세상에서 정의와 공의를 행할 것이며.(예레미야 23:5)

이는 한 아기가 우리에게 났고 한 아들을 우리에게 주신 바 되었는데 그의 어깨에는 정사를 메었고 그의 이름은 기묘자라, 모사라, 전능하신 하나님이라, 영존하시는 아버지라, 평강의 왕이라 할 것임이라 그 정사와 평강의 더함이 무궁하며 또 다윗의 왕좌와 그의 나라에 군림하여 그 나라를 굳게 세우고 지금 이후로 영원히 정의와 공의로 그것을 보존하실 것이라 만군의 여호와의 열심이 이를 이루시리라.(이사야 9:6~7, 비교 구절: 이사야 11:1~5, 42:1~4, 61:1~9)

다음 장에서 보게 될 것이지만, 신약에서 예수는 이 기대를 성취하시는 분이다. 그는 '정의를 승리로 이끄시는'(마태복음 12:18~23, 비교 구절: 이사야 42:1~4, 마태복음 23:23) 하나님의 선택된 종이다.

관계적 실재

만일 정의가 하나님의 속성이라면, 그리고 하나님의 형상을 지닌 인간이 공동체 안에서 서로 살아가는 방식으로 하나님의 정의를 모방하도록 부름을 받았다면, 정의는 **전부 관계에 대한 것**이라는 결론이 나온다. 정의는 인간과 세상에 대한 하나님의 관계, 서로에 대한 인간의 관계, 더 큰 창조 질서에 대한 인간의 관계와 관련이 있다.

> 성서적 정의는 전부 관계에 대한 것이다.

사실 이것은 정의와 의에 대한 성서적 가르침이 보여 주는 가장 독특한 특징 중의 하나이다. 성서적 정의는 포괄적으로 관계적이다. 그것은 개인이 다른 사람과 관계없이 자신 안에 가지고 있는 사적인 속성이 아니다. 또한 균형이나 공평이나 공정함에 대한 일련의 추상적 규범도 아니다. 정의는 사람들 사이에 건강하고 변함없고 생명을 주는 관계를 창조하고 지탱하는 데 필요한 모든 것을 행하는 것을 의미한다. 정의는 사람들이 다른 사람의 존엄성과 권리를 동등하게 옹호하는 관계 안에서 살아가야 할 자신의 의무를 존중하는 정도에 의해서 측정되어야 한다. 건강한 관계와, 건강한 관계가 필요로 하는 것들에 대한 관련 당사자들의 신실함, 이 두 가지 요소가 중요하다.

이것은 성서 저자들이 하나님의 정의나 의에 대해 말할 때 자주 염두에 두었던 것이다. 하나님은 이스라엘이 언약 관계에 신실하지 못한 경우에도 여전히 이 언약 관계에 충실하시기 때문에 하나님은 정의롭다. 하나님의 정의는 언약의 동반자가 어떻게 하더라도 하나님은 신뢰할 수 있는 분이라는 사실을 의미한다. 하나님의 정의는 관계에 대한 하나님의 신실하심으로 구성된다는 가장 분명한 확언은 아마도 로마서 3장에서 발견된다.

> 그런즉 유대인의 나음이 무엇이며 할례의 유익이 무엇이냐 범사에 많으니 우선은 그들이 하나님의 말씀을 맡았음이니라 어떤 자들이 믿지 아니하였으면 어찌하리요 그 믿지 아니함이 하나님의 미쁘심을 폐하겠느냐 그럴 수 없느니라 사람은 다 거짓되되 오직 하나님은 참되시다 할지어다 기록된 바 주께서 주의 말씀에 의롭다 함을 얻으시고 판단 받으실 때에 이기려 하심이라 함과 같으니라 그러나 우리 불의가 하나님의 의를 드러나게 하면 무슨 말 하리요 [내가 사람의 말하는 대로 말하노니] 진노를 내리시는 하나님이 불의하시냐 결코 그렇지 아니하니라 만일 그러하면 하나님께서 어찌 세상을 심판하시리요.(로마서 3:1~6)

여기서 바울 사도는 이스라엘에 대한 하나님의 정의, 즉 선택된 백성들과의 언약 관계에 대한 하나님의 영원한 헌신은 이스라엘의 불의, 즉 이스라엘이 하나님의 율법에 따라 정의롭게 살아가는 것에 실패한다고 해서 취소되는 것은 아니라고 주장한다. 그러나 바울은 이스라엘에 대한 하나님의 헌신은 하나님이 다만 이스라엘의 실패를 무시하거나 그 죄를 못 본 체할 수 있다는 것을 의미하지 않는다고 설명한다. 만일 하나님이 이스라엘의 불의를 눈 감아 준다면, 하나님은 공정한 정의를 가지고 세상을 심판하기에 적합하지 않을 것이다.(로마서 2:1~3:20) 하나님은 여전히 이스라엘에게 절대적으로 헌신하여 이스라엘의 실패를 다루셔야 한다. 바울에게 그것은 바로 예수의 죽음이 의미하는 모든 것이다.

성서적 정의의 관계적 성격은 왜 성서 저자들이 정의와 자비 사이에 어떤 긴장도 인정하지 않는지를 잘 설명해 준다. 하나님의 자비는 참으로 하나님의 정의의 표현이다.

> 그러나 여호와께서 기다리시나니 이는 너희에게 은혜를 베풀려 하심이요 일어나시리니 이는 너희를 긍휼히 여기려 하심이라 대저 여호와는 정의의 하나님이심이라 그를 기다리는 자마다 복이 있도다.(이사야 30:18, 비교 구절: 시편 85:10)

우리는 종종 자비와 정의를 반대되는 것이라고 생각한다. 악행이 발생했을 때 자비를 베푸는 것은 정의가 요구하는 형벌을 유예하거나 무시하는 것을 의미한다. 그래서 자비는 일종의 불의를 의미한다. 그러나 이것은 우리가 정의를 엄격하게 산술적 또는 율법적 개념으로 생각할 때에만 사실이다. 만일 정의를 '건강한 관계 회복하기'라는 관점에서 이해한다면, 자비는 종종 거기에 이르는 가장 좋은 길이 된다. 자비는

정의를 해치기보다는 오히려 정의를 달성하는 데 도움을 준다. 그릇되

> 정의와 자비 사이에는
> 어떤 긴장도 없다.

기 쉬운 인간의 속성을 자비롭게 용납하는 것은 건강한 관계가 이루어지는 데 본질적인 것이다. 실패가 발생하는 곳에서 정의는 자비로 맛을 내야 한다. 그렇지 않으면 그것은 참된 정의가 아니다.

만군의 여호와가 이같이 말하여 이르시기를 너희는 진실한 재판을 행하며 서로 인애와 긍휼을 베풀며.(스가랴 7:9, 비교 구절: 호세아 12:6, 미가 6:8, 야고보서 2:13)

소외 계층에 대한 편애

이제 우리는 정의에 관한 성서적 가르침의 가장 중요한 통찰들 중 하나에 도달했다. 그것은 상이한 환경에서 상이한 우선 사항을 요구한다. 어떤 환경에서 정의는 사심이 없는 공정함, 즉 모든 편애favoritism의 거부를 요구한다. 다른 환경에서 정의는 분명한 편애unequivocal partiality, 곧 다른 사람의 이익에 우선하여 어떤 사람의 이익에 대해 명백한 편애definite bias를 요구한다. 정의는 쟁점에 따라 공정하면서도 편파적이고, 편애하면서도 편애하지 않고, 동등하면서도 동등하지 않다.

다른 한편, 성서의 율법은 범법 행위를 다룰 때나 소송 당사자 간의 분쟁을 중재할 때 공정함이 매우 중요하다고 생각한다. 계급에 따라 상이한 법과 처벌이 적용되었던 다른 고대 사회와는 달리, 이스라엘의 형법과 절차법은 철저하게 평등했다. 공동체의 모든 구성원은 동일한 기준의 적용을 받았고, 재판관은 사실을 심리할 때 관련자들의 사회적·경제적 지위를 무시하도록 요구받았고, 권력자나 부자에게 정의를 팔지 않도록 분명히 요구받았다.

> 정의는 어떤 때는 공정함을 요구하며, 또 어떤 때에는 편애를 요구한다.

내가 그때에 너희의 재판장들에게 명하여 이르기를 너희가 너희의 형제 중에서 송사를 들을 때에 쌍방 간에 공정히 판결할 것이며 그들 중에 있는 타국인에게도 그리 할 것이라 재판은 하나님께 속한 것인즉 너희는 재판할 때에 외모를 보지 말고 귀천을 차별 없이 듣고 사람의 낯을 두려워하지 말 것이며 스스로 결단하기 어려운 일이 있거든 내게로 돌리라 내가 들으리라.(신명기 1:16~17)

너는 재판을 굽게 하지 말며 사람을 외모로 보지 말며 또 뇌물을 받지 말라 뇌물은 지혜자의 눈을 어둡게 하고 의인의 말을 굽게 하느니라.(신명기 16:19, 비교 구절: 미가 7:3~4, 아모스 5:12)

그러한 절차적 공정함은 하나님의 정의의 공평함에 대한 호소, 즉 "그런즉 (…) 우리의 하나님 여호와께서는 불의함도 없으시고 치우침도 없으시고 뇌물을 받는 일도 없으시니라"(역대하 19:7, 비교 구절: 신명기 10:17, 사도행전 10:34, 로마서 2:11, 골로새서 3:25, 에베소서 6:9, 베드로전서 1:17)라는 말씀에 의해 다시 한 번 정당화된다.

공정함은 성서에서 절차적 정의와 응보적 정의의 시행에 필수적이기는 하지만, **사회 정의**(부, 사회 자원, 정치권력이 사회에서 분배되는 방식을 다룬다)에 대해서는 아주 다른 강조점이 나타난다. 이에 관해서는 명백한 **편애**가 발휘되어야 한다. 특히 네 집단, 즉 과부, 고아, 체류 외국인(또는 이주민)과 가난한 자들의 복지를 위해 특별한 관심이나 편애가 베풀어져야 한다.

너는 이방 나그네를 압제하지 말며 그들을 학대하지 말라 너희도 애굽 땅에서 나그네였음이라 너는 과부나 고아를 해롭게 하지 말라 네가 만일 그들을 해롭게 하므로 그들이 내게 부르짖으면 내가 반드시 그 부르짖음을 들으리라 나의 노가 맹렬하므로 내가 칼로 너희를 죽이리니 너희의 아내는 과부가 되고 너희 자녀는 고아가 되리라.(출애굽기 22:21~24)

너는 객이나 고아의 송사를 억울하게 하지 말며 과부의 옷을 전당 잡지 말라 너는 애굽에서 종 되었던 일과 네 하나님 여호와께서 너를 거기서 속량하신 것을 기억하라 이러므로 내가 네게 이 일을 행하라 명

령하노라.(신명기 24:17~18, 출애굽기 23:9)

불의한 법령을 만들며 불의한 말을 기록하며 가난한 자를 불공평하
게 판결하여 가난한 내 백성의 권리를 박탈하며 과부에게 토색하고 고
아의 것을 약탈하는 자는 화 있을진저 벌하시는 날과 멀리서 오는 환난
때에 너희가 어떻게 하려느냐 누구에게로 도망하여 도움을 구하겠으
며 너희의 영화를 어느 곳에 두려느냐.(이사야 10:1~3)

만군의 여호와가 이같이 말하여 이르시기를 너희는 진실한 재판을
행하며 서로 인애와 긍휼을 베풀며 과부와 고아와 나그네와 궁핍한 자
를 압제하지 말며 서로 해하려고 마음에 도모하지 말라 하였으나.(스가랴
7:9~10)

또다시 하나님의 정의의 본성에 의해 그런 집단들(때로 죄수, 병든 자, 마음
이 상한 자와 같은 다른 사람들이 포함된다)에 대한 편애가 명령된다. 왜냐하면 "여
호와는 고난당하는 자를 변호해 주시며 궁핍한 자에게 정의를 베푸시
는 분"(시편 140:12, 비교 구절: 잠언 14:31, 22:2)이기 때문이다. 사회의 어떤 집단
을 지지하는 것을 당연하게 생각하는 편애라는 개념은 언뜻 보기에 정
의에 상반되는 것처럼 보인다. 정의로운 사회는 부, 국적, 가정의 지위
와 상관없이 모든 사람을 정확히 동일하게 다루기를 갈망해서는 안 되
는가? 반드시 그런 것은 아니다. 성서적 관점에서 왜 사회 정의를 위한

투쟁이 어떤 사람들을 위해 치우쳐져야 하는지에 대한 두 가지 주된 이유가 있다.

• 공동체 안의 어떤 집단은 다른 집단보다 더 빈번하게 불의의 희생자가 되기 때문이다.

하나님은 모든 사람을 가치 면에서 동일하게 창조하셨고, 모든 사람에게 풍성한 창조 세계에 접근할 수 있는 동일한 권리를 주셨다.(시편 8:5~7, 115:16, 비교 구절: 시편 24:1) 그러나 사람들은 또한 성, 인종, 인격, 능력, 은사에서 각각 다르게 창조되었다. 이러한 차이가 어떤 사람들에게는 하나님이 주신 권리를 주지 않음으로써 다른 사람들이 잉여분을 축적하게 되는 방식으로 부당하게 사용될 때 불의가 발생한다. 과부, 고아, 이주민과 가난한 자들이 가부장제 사회에서 공통으로 가지는 특징은 착취에 취약하다는 것이다. 과부는 과부의 권리를 지켜 줄 남편이 없고, 고아는 부모가 없고, 가난한 자는 돈이 없고, 나그네는 친구가 없다. 그들의 권리는 부자와 강자들(이들은 합법적인 권리를 가지고 있으며 자기 힘으로 그 권리들을 보호할 수단을 가지고 있다)의 권리보다 더 쉽게 짓밟힌다.

• 가난한 자들과 억압받는 자들의 생활환경이 세상을 위한 하나님의 의도를 침해하기 때문이다.

극심한 가난은 악이다. 어떤 사람들은 화려하고 부요하게 살아가는데, 또 어떤 사람들은 굶어 죽어 가는 것은 하나님의 뜻이 아니다. 어떤 사람들은 잉여 식량과 잉여 토지를 축적하는데, 또 어떤 사람들은 빚과 노역으로 고통스러워하는 것은 하나님의 뜻이 아니다.(민수기 11:31~33, 레위기 25:8~17) 그래서 가난한 자의 필요를 채워 주는 것은 성서에서 그저 자선이 아니라 정의의 행위이다. 왜냐하면 그것이 하나님께서 원하시는 방향으로 사회를 움직여 가도록 도움을 주기 때문이다. 성서적 이해에서 볼 때, 사회 안에서 정의의 정도를 측정하는 시금석은 그 사회의 가장 취약한 구성원들이 어떻게 대접받고 있는가 하는 것이다. 불의의 가장 두드러진 지표는 사람들이 생존에 필요한, 자유롭고 생산적으로 번성하는 데 필요한 기본적인 자원에 접근할 권리를 박탈당하는 것이다.

가난한 자들에 대한 하나님의 편애 또는 '우선적 선택preferential option'은 궁극적으로 형평성을 위한 것이다. 저울이 언제나 부자와 강한 자 편으로 기울어져 있으므로, 사회 정의를 위한 영원한 투쟁에서 하나님은 가난한 자와 방어할 수 없는 자를 편드심으로써 균형을 맞추신다. 하나님은 투쟁에 무관심한 관찰자가 아니다. 오히려 하나님은 "억눌린 사람들을 위해 정

> 하나님은 가난한 자와 방어할 수 없는 자들을 편드심으로써 균형을 맞추신다.

의로 심판하시며 주린 자들에게 먹을 것을 주시는 이시로다 여호와께서는 갇힌 자들에게 자유를 주시는도다 여호와께서 맹인들의 눈을 여시며 여호와께서 비굴한 자들을 일으키시며 여호와께서 의인들을 사랑하시며 여호와께서 나그네들을 보호하시며 고아와 과부를 붙드시고

악인들의 길은 굽게 하시는도다."(시편 146:7~9)

그러나 **어떻게 하나님은 가난한 자를 옹호하시는가?** 어떻게 하나님은 굶주린 자를 먹이시며 억압받는 자들과 연대하시는가? 어떻게 성서 저자들에게는 하나님의 정의로운 편애가 실제로 명백한 것이었는가? 다음은 그 몇 가지 예이다.

1. **힘없고 가난한 이스라엘을 애굽의 노예 상태에서 구하고 광야에서 먹이기 위한 하나님의 역사적 개입.** 유월절과 같은 연례행사를 통해 기억되고 있듯이, 과거 가난한 이스라엘을 위한 하나님의 편애는 가난한 자에 대한 하나님의 능동적인 편애를 끊임없이 증명했다.

2. **가난하고 약한 자를 위한 특별한 보호와 복지를 보장하는 하나님의 율법.** 많은 율법이 가장 궁핍한 자들을 위해서 음식, 의복, 주거지와 휴식을 보장한다. 자신의 땅이 없는 자들은 생존을 위한 기본적인 필요를 충족시키기 위해서 다른 사람들의 땅에 접근할 권리가 주어졌다.

네가 밭에서 곡식을 벨 때에 그 한 뭇을 밭에 잊어버렸거든 다시 가서 가져오지 말고 나그네와 고아와 과부를 위하여 남겨 두라 그리하면 네 하나님 여호와께서 네 손으로 하는 모든 일에 복을 내리시리라 네가 네 감람나무를 떤 후에 그 가지를 다시 살피지 말고 그 남은 것은 객과 고아와 과부를 위하여 남겨 두며 네가 네 포도원의 포도를 딴 후에 그 남은 것을 다시 따지 말고 객과 고아와 과부를 위하여 남겨 두라 너는 애굽 땅에서 종 되었던 것을 기억하라 이러므로 내가 네게 이 일을 행하라 명령하노라.(신명기 24:19~22, 비교 구절: 신명기 14:28, 23:24~25, 레위기 19:9~10)

매 3년, 소산의 10분의 1은 가난한 자와 재산을 빼앗긴 자를 위해 창고에 남겨 두어야 한다.(신명기 14:28~29) 땅을 경작할 수 없었던 안식년 기간에도 가난한 자는 음식을 땅으로부터 거두어들일 권리가 있었다.

너는 여섯 해 동안은 너의 땅에 파종하여 그 소산을 거두고 일곱째 해에는 갈지 말고 묵혀 두어서 네 백성의 가난한 자들이 먹게 하라 그 남은 것은 들짐승이 먹으리라 네 포도원과 감람원도 그리할지니라.(출애굽기 23:10~11)

안식일과 희년 규정은 부채를 탕감하고, 노예를 해방하고, 땅을 원주인에게 돌려주도록 한다.(신명기 15:1~11, 레위기 25:8~17, 출애굽기 23:10~11) 이 율법들은 많은 사람들을 희생시켜 소수의 손에 부와 권력을 집중하려는, 모든 경제 체제 안에 있는 본래적인 경향에 대항하기 위한 조직적인 정치 행위의 필요성을 인식하고 있다. 학자들은 이렇듯 혁명적인 규정이 실제로 충분히 지켜진 적이 있는가에 대해 의구심을 가지고 있다. 그러나 이러한 규정은 언제나 이스라엘에게 재산이 없는 자들의 역경에 대한 하나님의 편애를 끊임없이 상기시켜 주는 역할을 했다.

3. 왕을 비롯한 부자와 권력자들과 맞서도록 하나님께서 일으켜 세우신 예언자들. 예언자들은 정의를 위한 하나님의 요구를 선포하고 약자들을 돌보아야 하는 의무를 소홀히 하면 심판을 받게 된다는 엄중한 경고를 선포했다.

여호와께서 자기 백성의 장로들과 고관들을 심문하러 오시리니 포도원을 삼킨 자는 너희이며 가난한 자에게서 탈취한 물건이 너희의 집에 있도다 어찌하여 너희가 내 백성을 짓밟으며 가난한 자의 얼굴에 맷돌질하느냐 주 만군의 여호와 내가 말하였느니라 하시도다.(이사야 3:14~15, 비교 구절: 아모스 2:6~7, 4:1~3, 5:10~13, 예레미야 5:26~29, 말라기 3:5, 스가랴 7:9~14)

4. 가난한 자에게 새로운 날이 올 것이라는 하나님의 약속. 그날에는 배고픈 자가 배부를 것이며, 아픈 자가 나을 것이며, 포로 된 자가 해방될 것이며, 고통이 끝날 것이다.(이사야 35:3~7, 61:1~9, 비교 구절: 누가복음 4:18~19) 이 약속은 현재를 위한 위로와 미래를 위한 희망을 가져온다. 왜냐하면 하나님은 하나님이 약속하신 것을 성취하기 위해 언제나 일하고 계시기 때문이다.

하나님의 도는 완전하고 여호와의 말씀은 순수하니 그는 자기에게

피하는 모든 자의 방패시로다.(시편 18:30, 비교 구절: 사무엘하 22:31)

회복적 활동

가난한 자에 대한 하나님의 편애는 그들이 불의한 괴롭힘unjust
victimization에 너무 취약하기 때문에 생겨난다. 그러나 가난한 자가 자동
적으로 고결한 것은 아니다. 그들이 언제나 악행의 죄가 없는 것은 아
니다. 가난한 자가 법정에 고발된 경우에 성서의 율법은 모든 당사자들
을 공평하게 처리할 사법 체계를 요구한다.

> 너희는 재판할 때에 불의를 행하지 말며 가난한 자의 편을 들지 말
> 며 세력 있는 자라고 두둔하지 말고 공의로 사람을 재판할지며.(레위기
> 19:15)

> 다수를 따라 악을 행하지 말며 송사에 다수를 따라 부당한 증언을
> 하지 말며 가난한 자의 송사라고 해서 편벽되이 두둔하지 말지니라.(출
> 애굽기 23:2~3)

그러나 공명정대함은 유죄를 입증하기 위해서만 필수적인 것이다.

일단 결정이 되고 나면, 성서의 사법 체계의 근본적인 목표는 위반에 의해 손해를 입었던 것을 보상하는 것이다. 회복은 희생자가 온전함을 되찾는 것, 범죄자가 공동체 안에서 제자리를 되찾는 것, 더 큰 사회가 두려움과 죄와 공해에서 벗어나 자유와 평화를 되찾는 것 등, 여러 가지 수준에서 요구된다.

> **처벌은 정의의 요구를 충족시키지 못한다.**

성서의 법령에는 때때로 특정한 범죄에 대한 처벌이 규정되어 있다. 그러나 처벌은 그 자체로 목적이 아니라 목적을 위한 수단이다. 많은 사람들이 오늘날 생각하는 것과는 달리 처벌 그 자체가 정의의 요구를 충족시키는 것은 아니다. 정의는 회개, 회복, 갱신에 의해 충족된다. 처벌은 그런 회복을 증진시키는 것을 도와주기 위한 장치 역할을 한다.

많은 범죄들에 대한 전형적인 벌은 보상^{compensation}하는 것 외에 희생자를 위해 배상^{restitution}하는 것이었다. 성서의 율법에는 배상의 특수한 행위들이 가치의 등가성에 폭넓게 근거해서 규정되어 있다.(출애굽기 21:26~36) 어떤 범죄는 범죄의 정도와 범죄자의 태도에 따라 갑절의 배상이나 그 이상의 배상을 요구했다.(출애굽기 22:1, 22:4, 22:9, 잠언 6:30~31, 출애굽기 22:7) 만일 도둑이 양심의 가책을 받았다면, 그는 훔친 물건에 5분의 1을 더하여 돌려주었다.(레위기 6:5) 만일 도둑이 손에 물건을 가진 채로 잡혔다면, 그는 갑절로 배상했다. 만일 그가 물건을 이미 처리했고, 그 범죄를 감추려고 했다면, 그는 네 배나 다섯 배로 배상해야 했다. 만일 도둑이 지불할 수 없다면, 빚을 갚을 때까지 피해를 입은 사람에게 종으로 붙잡힐 수도 있었다.(출애굽기 22:3) 그러나 노예 상태는 최대 6년 동안 또는 희년 때까지만 지속될 수 있었다.(출애굽기 21:1~6, 신명기 15:12~17, 레위기 25:39~55) 고대의 노예 제도는 근대에서처럼 그렇게 지독하지 않았다. 사실 히브리 노예 제도는 투옥과 같은 현대의 제도보다 더 인간적인 제도였다.

희생자를 회복하는 것보다 더 많이 범죄자에게 상처를 주는 것으로 생각되는 형벌의 경우에서조차도 더욱 큰 회복적 의도가 있음을 알 수 있다. 형벌은 다음과 같은 몇 가지 면에서 응보적 기능 이상의 교육적 기능을 한다.

• 처벌은 더 넓은 공동체가 그 공동체의 도덕적·영적 복지에 가장 심각한 위협을 만들어 내는 행위들을 인식하는 데 도움을 주었다. 성서의 율법에 있는 다양한 강도의 형벌은 근본적인 가치 척도를 반영한다. 다른 고대 사회와 18세기까지의 모든 유럽 사회와는 달리 성서의 규정은 재산 범죄에 대해 결코 사형을 규정하지 않는다. 그것은 사람에 대한 범죄와 이스라엘의 독특한 하나님과의 관계에 대한 주요한 의무를 어기는 것에 대해서만 상술할 뿐이다. 사형을 집행하는 것은 드문 경우에만 의무적인 것이었다.(신명기 13:8~9, 19:13, 19:21, 25:12, 민수기 35:31~34, 비교 구절: 창세기 4:11~15, 출애굽기 2:11~14, 사무엘하 12:13, 14:11) 우리가 앞에서 보았듯이, 어떤 범죄에 아주 심한 형벌을 부여

하는 목적은 인간의 존엄성을 무시하고 다른 백성들과 다르도록 부름을 받은 이스라엘의 소명을 부인하는, 특히 파괴적이거나 죄를 짓는 행위들에 주의를 기울이기 위한 것이었다.

• 또한 처벌은 악한 행위가 파괴적인 결과, 곧 무시할 수 없고 대처해야만 하는 결과를 반드시 이끌어 내는 방식을 **생생하게 표현해** 주었다. 이 결과를 다루는 가장 좋은 길은 회개, 속죄, 용서, 보상에 의한 것이다. 처벌은 명백히 말하자면 악한 행위에 의해 나오게 되는 부정적 기운을 상술함으로써 회개를 불러일으키는 데 도움을 주었다.

주 여호와의 말씀이니라 내가 어찌 악인이 죽는 것을 조금인들 기뻐하랴 그가 돌이켜 그 길에서 떠나 사는 것을 어찌 기뻐하지 아니하겠느냐.(에스겔 18:23, 비교 구절: 데살로니가후서 3:13~15, 고린도전서 5:5, 고린도후서 2:6~8, 디모데전서 1:19~20, 히브리서 12:7~11)

어떤 경우에는 속죄 또는 '이스라엘에서 악을 제거하는 것'은 하나님의 백성들의 거룩함과 존재 자체를 위협했던 심각한 타락의 원천으로 생각되었던 범죄자의 죽음을 필요로 했다.(민수기 35:33, 비교 구절: 신명기 13:5~11, 13:16, 17:7, 17:12, 19:19, 21:21, 22:21~22, 22:24, 24:7, 레위기 24:14, 사사기 20:13, 사무엘하 4:11) 이런 경우에서조차 처벌 덕분에 공동체는 본래의 상태로 회복되는 것이 가능하게 되었다.

• 처벌은 또한 모방 범죄를 막는 데도 도움이 되었다. 만일 처벌이 어떤 행위가 공동체의 안녕을 훼손한다는 사실을 드러낸다면, 그것을 목격한 사람들은 그로 인해 자신들과 다른 사람의 복지에 해를 끼치는 행동을 그만두어야겠다는 교훈을 얻게 된다.

> 네 어머니의 아들 곧 네 형제나 네 자녀나 네 품의 아내나 너와 생명을 함께하는 친구가 가만히 꾀어 이르기를 너와 네 조상들이 알지 못하던 다른 신들을 (…) 우리가 가서 섬기자 할지라도 너는 그를 따르지 말며 듣지 말며 (…) 너는 용서 없이 그를 죽이되 죽일 때에 네가 먼저 그에게 손을 대고 후에 뭇 백성이 손을 대라 그는 애굽 땅 종 되었던 집에서 너를 인도하여 내신 네 하나님 여호와에게서 너를 꾀어 떠나게 하려 한 자이니 너는 돌로 쳐죽이라 그리하면 온 이스라엘이 듣고 두려워하여 이 같은 일을 다시는 너희 중에서 행하지 못하리라.(신명기 13:6~11, 참고 구절: 신명기 17:12~13, 21:20~21, 사도행전 5:11, 로마기 13:3~5, 디모데전서 5:20)

그러므로 처벌은 성서의 법체계의 불가피한 요소이다. 그러나 성서적 정의의 분명한 관심은 죄인을 벌하려는 데 있는 것이 아니라 악행이 야기한 손해를 분명히 다룸으로써 샬롬을 회복하려는 데 있다. 처벌은 이것을 성취하는 것을 돕기 위한 도구였다.

요약

성서적 정의는 복합적이고 다면적인 실재이다. 그것은 인간 실존의 모든 차원과 관련되어 있고, 다양하게 적용된다. 그러나 틀림없이 성서적 정의, 곧 사회 정의와 사법 정의의 정신과 방향을 가장 잘 포착하는 용어는 회복이라는 단어이다. 정의는 하나님의 존재로부터 흘러나오고, 하나님 자신의 존재에 근거하며, 원래 하나님이 의도하셨던 세상의 모습을 드러낸다. 그러나 모든 것이 혼란에 빠졌다. 창조 세계의 샬롬이 깨어져 버린 것이다. 하나님은 세상을 되어야 할 모습으로 회복시키려고 노력하심으로써 반응하신다.

> 하나님의 정의는 회복이라는 말에 그 특징이 가장 잘 드러난다.

성서적 정의는 물리적 생존과 인간의 자아실현을 위한 기본적인 필요를 충족시키기 위하여 충분한 자원에 대한 접근할 권리를 불의하게 빼앗긴 사람들에게 존엄성과 자율성을 회복시키려고 노력한다. 하나님은 억압적인 권력을 무너뜨리고, 희생자들을 자유롭게 함으로써, 그리고 죄와 죽음의 파괴적 유산을 치유함으로써 샬롬을 재건하기 위해 행동하신다. 이런 하나님을 안다는 것은 정의의 의미에 대해 배우는 것이다. 이런 하나님을 사랑한다는 것은 세상을 위한 정의를 회복하기 위해 하나님의 위대한 행동에 참여하는 것이다.

4장

예수와 정의

우리는 어떻게 애굽의 노예 상태로부터 벗어난 이스라엘의 해방과 독립된 백성으로서의 이스라엘의 건국이, 하나님의 정의는 자유와 샬롬을 회복하기 위해 압제 상황에 개입하시는, 해방시키며 공동체를 창조하는 능력이라는 사실을 보여 주는지에 대해 살펴보았다. 이스라엘은 이 세상에서 자신이 살아가는 방식으로 하나님의 정의를 본받도록 하라는 부름을 받았다. 때때로 이스라엘은 그렇게 했지만, 종종 실패하기도 했고, 그 결과로 일련의 역사적 재앙을 경험했다.

> 예수 안에서 **구체화된** 하나님의 정의는 해방시키며 공동체를 창조하는 능력이다.

그리하여 미래의 어느 날 하나님의 해방하는 정의가 이 세상에 새로운 방식으로 나타날 것이고, 이스라엘의 운명을 회복하고, 모든 만물을 새롭게 할 것이라는 희망이 자라났다.

신약에서 예수는 이러한 성서적 희망의 성취를 나타낸다. 예수는 하나님의 정의의 화신이다. 예수 안에서 정의는 새롭고, 극적인 방식으로 하늘에서 땅으로 이동한다. 신약의 저자들에게 예수는 삶과 죽음과 부활을 통해 세상에서의 하나님의 결정적인 계시를 구성하는 '바로 그분'이다.(누가복음 23:47, 마태복음 27:19, 베드로전서 3:18, 야고보서 5:6, 요한1서 2:29, 요한계시록 15:3, 비교 구절: 로마서 1:16~17, 3:21~26) 그러므로 기독교인은 예수의 삶, 가르침과 활동을 살펴보는 것을 통해 정의에 대해 가장 잘 배울 수 있다.

정의의 선교

예수는 하나님께서 어느 날 "다윗에게 한 의로운 가지를 일으킬 것이라 그가 왕이 되어 지혜롭게 다스리며 세상에서 정의와 공의를 행할 것"(예레미야 23:5, 이사야 9:2~7, 11:1~5, 61:1~9)이라고 한 성서의 오랜 기대를 잘 알고 있었을 것이다. 사역 초기에 예수는 압제받는 자에게 정의를 가져다주는 것이 자신의 사역이라고 정의함으로써 메시아 기대를 신중하게 불러일으켰다.

예수께서 (…) 늘 하시던 대로 회당에 들어가사 성경을 읽으시려고 서 시매 선지자 이사야의 글을 드리거늘 책을 펴서 이렇게 기록된 데를 찾으시니 곧 주의 성령이 내게 임하셨으니 이는 가난한 자에게 복음을 전하게 하시려고 내게 기름을 부으시고 나를 보내사 포로 된 자에게 자유를, 눈 먼 자에게 다시 보게 함을 전파하며 눌린 자를 자유롭게 하고 주의 은혜의 해를 전파하게 하려 하심이라 하였더라 책을 덮어 그 맡은 자에게 주시고 앉으시니 회당에 있는 자들이 다 주목하여 보더라.(누가복음 4:16~20)

계속되는 사역을 통해서 예수는 이 사명 선언문을 실행했다. 예수는 '하나님의 나라', 즉 오랫동안 기다려 왔던 이 세상에서의 하나님의 정의의 통치가 이제 시작되고 있다는 사실을 선포했다.(마가복음 1:14~15, 마태복음 4:17) 예수는 청중들에게 하나님의 정의God's royal justice의 주장을 모든 덜 중요한 것들 앞에 두라고 요구했다.(마태복음 6:33) 예수는 아픈 자를 치유하고, 배고픈 자를 먹이고, 귀신 들린 자를 해방시키고, 배제와 압제의 지배 체제에 도전했다. 마태에게 예수의 비폭력적 정의로운 행동은 정확하게 이사야 42장이 기대했던 것이었다.

예수께서 아시고 거기를 떠나가시니 많은 사람이 따르는지라 예수께서 그들의 병을 다 고치시고 자기를 나타내지 말라 경고하셨으니 이는 선지자 이사야를 통하여 말씀하신 바 보라 내가 택한 종 곧 내 마음에 기뻐하는 바 내가 사랑하는 자로다 내가 내 영을 그에게 줄 터이니 **그가 이방에 정의를 선포할 것이다** 그는 다투지도 아니하며 들레지도 아니하리니 아무도 길에서 그 소리를 듣지 못하리라 상한 갈대를 꺾지 아니하며 꺼져가는 심지를 끄지 아니하기를 **정의가 이길 때까지** 하리니 또한 이방들이 그의 이름을 바라리라 함을 이루려 하심이니라.(마태복음 12:15~21, 비교 구절: 이사야 42:1~4)

　이 성서 구절은 예수를 정치나 사회 변화에 대해서는 별로 관심을 갖지 않는 영적인 교사로 생각하는 널리 퍼져 있는 이미지와는 모순된다. 비정치적 예수는 오랫동안 대중적인 경건의 세계popular piety와 많은 기독교 저술의 영역에서 기본적인 견해였다. 이런 이해에서 예수는 구세주로 왔을 뿐, 정치적 행동가로 온 것이 아니었다. 예수는 영적인 왕국을 선포했을 뿐, 지상의 왕국을 선포한 것이 아니었다. 예수는 영혼의 구원에 관심을 가졌을 뿐, 사회의 변혁에는 관심을 가진 것이 아니었다. 예수는 개인적인 거룩함을 촉구했을 뿐, 정치적 변화를 촉구한 것이 아니었다. 학자들과 설교자들 모두 그 당시(그러므로 또한 우리 시대)의 구체적인 정의의 논쟁에서 예수를 거의 완전히 분리시켰다.

　그러나 그 당시의 사회적이고 정치적인 논쟁에서 예수를 완전히 격리하는 것은 실제로 불가능하다. 만일 하나님의 나라가 이 세상의 나라들과 관계가 없다면, 왜 이 세상의 정치적 통치자들이 예수를 죽였을까?(요한복음 18:36~37) 예수는 자신에 대한 정치적이고 군사적인 함의를 받아들이지 않으면서 어떻게 유대인들에게 메시아에 대한 기대를 심어 줄 수 있었을까? 비정치적인 예수를 역사적인 인물로 신뢰할 수 있을까? 대답은 분명히 '아니다'이다.

이 세상에 속하지 않은 하나님 나라?

우리가 종종 예수의 사역의 정치적 성격을 놓치는 이유 가운데 하나는 '정치적' 행동이라는 것에 대해 우리가 너무 좁고 현대적인 개념을 가지고 있기 때문이다. 우리는 우리 마음속에 있는 교회와 국가 사이의 현대적 이분법을 가지고 복음서를 대하고, 서구의 참여 민주주의의 관점에서 정치를 생각한다. 예수가 정당을 만들지 않았고, 또는 산헤드린에서 공직에 출마하지도 않았기 때문에, 그리고 사회 제도의 본질에 대해 가르치지 않았기 때문에, 우리는 예수가 정치적 삶의 야비한 현실에서 멀리 떨어져 있었던 비정치적 종교 교사였다고 결론을 내린다.

> 예수의 사명은 영적이었을 뿐만 아니라 정치적이기도 했다.

그러나 종교적인 삶과 정치적인 삶 사이의 현대적 구별은 고대의 유대 사회에는 맞지 않는 것이다. 예수 시대의 종교 지도자들 역시 정치적 힘을 행사했다. 모세의 율법은 땅의 법이었다. 성전은 예루살렘 경제의 실세였을 뿐만 아니라 영적 권위와 행정 권위의 중심이기도 했다. 산헤드린은 예루살렘의 주요 통치 기구였고, 예루살렘 통치는 최종적으로 로마 통치자에게 책임이 있었다. 유대 팔레스타인에서 종교와 정치는 일치를 이루었고, 고대에는 일반적으로 볼 때 참으로 그러했다. 결과적으로 복음서 이야기에서 살펴볼 수 있는 종교적 권위와 예수의 갈등은 동시에 국가 정치권력의 중심부와의 갈등이었다. 그런데 쟁점은 신학보다는 정의와 훨씬 더 관계가 깊다.

예수의 사역의 정치적 영향은 그의 반대자들을 피하지 못했다. 예수의 가르침과 삶의 방식, 전통과 관례에 대한 예수의 무시, 율법에 대한 재해석과 특히 성전 안에서 보여 준 예수의 독단적인 행위를 반대자들은 유대 사회의 토대와 궁극적으로 로마 영토의 평화에 대한 도전으로 받아들였다.(누가복음 19:39, 요한복음 11:50을 비교해 보라.) 그러므로 예수에게 가장 적대적인 사람들이 유대와 이방 모두에서 지배 계층에 있는 종교·군사·정치 권력자였다는 사실은 놀라운 일이 아니다. 그들은 주어진 삶의 여건에서 기득권을 가지고 있었고, 도래하는 하나님 나라의 정의에 따라 개인적인 관계와 사회적인 관계를 재정립해야 한다는 예수의 주장으로부터 잃을 것을 가장 많이 가지고 있었다.

두 가지 전략

예수의 정치적 입장은 한편으로는 불의와 주변의 사회적 악에 대한 예언자적 비난과 다른 한편으로는 하나님 나라의 실재를 실현하기 위해 대안 사회를 소집한 것으로 특징지어졌다. 이 두 가지는 적어도 예수가 말한 사회적 삶의 다음 네 가지 면에서 뚜렷이 드러나고 있다.

1. 사회적 차별에 대한 거부

예수의 가장 큰 특징은 사회적 주변인들, 즉 가난한 자, 약한 자, 쫓겨난 자, 여자들, 어린이들, 불구자, 병자, 귀신 들린 자에 대한 지향성이었다. 하나님 나라의 도래는 사회적으로 불우한 사람들에게 기쁜 소식이라고 예수는 주장했다.(누가복음 4:18~22, 마태복음 11:2~6, 누가복음 7:18~35) 그것은 사회적으로 배제된 사람들을 하나님께서 용납해 주신다는 위로와, 그들의 고통을 종결시키고 그들을 공동체로 회복시키기 위해 하나님께서 예수와 그의 사역 안에서 지금 역사하고 계신다는 확신을 그들에게 가져다주었다.

예수는 두 가지 단계로 사회적 차별과 싸웠다. 예수는 종교인들의 독선적인 오만을 드러내어 비판하고, 죄인들과 버림받은 자들과 친밀한 교제를 나눔으로써 그들을 비판했다.(예를 들면, 마태복음 9:13, 21:31, 누가복음 6:24~25, 16:15, 마가복음 2:15~17, 마태복음 9:10~13, 누가복음 5:27~32, 마태복음 11:19, 누가복음 15:1~2, 19:1~10) 동시에 예수는 가난한 자들이 편애를 받을 수 있고(예를 들면, 누가복음 14:12~24), 옥에 갇힌 자들이 돌봄을 받을 수 있고(마태복음 25:31~46), 여자들이 존엄성과 평등함을 부여받을 수 있고(예를 들면, 누가복음 8:1~3, 10:38~42, 마가복음 14:3~9, 15:40~41, 요한복음 3:7~8), 어린이들이 본받아야 할 모범으로 존중을 받을 수 있고(마가복음 9:36, 9:42, 마태복음 18:1~5, 누가복음 9:46~48, 마가복음 10:13~16, 마태복음 19:13~15, 누가복음 18:15~17), 이방인들과 사마리아인이 하나님의 은혜를 동일하게 받을 수 있는 새로운 포용적 공동체를 만들었다.(예를 들면, 마가복음 7:24~30, 마태복음 15:21~28, 마가복음 11:17, 13:10, 마태복음 8:5~13, 누가복음 7:1~10, 마태복음 12:18, 21:43, 누가복음 20:16, 마태복음 28:19~20, 누가복음 9:51~55, 요한복음 4:7~42)

2. 경제적 불의에 대한 비판

물질주의에 대한 예수의 심한 적의를 인식하지 않고서 누가복음을 이해한다는 것은 불가능하다. 대안적인 안전의 원천으로서 잉여의 부는 하나님에 대한 철저한 신뢰를 가로막는 장애물을 만든다.(마가복음 4:19, 마태복음 13:22, 누가복음 8:14, 마가복음 10:17~31, 마태복음 19:16~30, 누가복음 18:18~30, 마태복음 6:21, 누가복음 12:16~21, 14:1~14, 16:13) 더욱이 소수에게 집중된 거대한 부는 사회의 구조적 불의의 증거였다. 부자는 가난한 자의 희생으로 번창했다. "가난한 자들은 항상 너희와 함께 있으니"(마가복음 14:7, 마태복음 26:11, 요한복음 12:8)라는 예수의 말씀을 사회의 가난에 대한 수동적인 묵인의 표시로 이해하면 안 된다. 사실 예수의 말씀은 암묵적 비난이다. 신명기 15장 11절에 따르면, 가난을 참는 것은 언약법을 지키는 데 실패했다는 증거이기 때문이다.

예수가 '불의의 재물mammon of injustice'이라는 매우 흥미 있는 용어를 사용한 것은, 부의 추구에 불의가 내재되어 있음을 예수가 알고 있었다는 것을 의미할 수도 있다.(누가복음 16:9) 이것은 당시의 탐욕스러운 자들을 예수가 공공연하게 공격한 것에서 확인된다.

화 있을진저 너희 부요한 자여 너희는 너희의 위로를 받았도다 화

있을진저 너희 지금 배부른 자여 너희는 주리리로다 화 있을진저 너희

지금 웃는 자여 너희가 애통하며 울리로다.(누가복음 6:24~25)

예수는 세 가지 관련된 악, 즉 불필요한 잉여금(또는 잉여 재물)을 축적하

는 것(누가복음 12:15~21, 16:19, 21:1~4, 마태복음 11:8), 가난한 자의 필요를 무시

하는 것(누가복음 10:25~37, 16:19~27), 약한 자를 타락시키고 착취하는 것(마

가복음 11:15~19, 12:40, 누가복음 20:47, 마태복음 23:23 이하, 누가복음 11:42 이하)에 대해

부자들을 비판했다. 그와는 대조적으로 예수는 가난한 자에게 팔복을

선포했다.

너희 가난한 자는 복이 있나니 하나님의 나라가 너희의 것임이요 지

금 주린 자는 복이 있나니 너희가 배부름을 얻을 것임이요 지금 우는

자는 복이 있나니 너희가 웃을 것임이요.(누가복음 6:20~21, 마태복음 5:3~12)

예수는 여기서 가난, 기아, 눈물을 '영적 가치들' 그 자체로 바꾸고

있는 것이 아니다. 가난한 자, 굶주리는 자, 슬퍼하는 자는 그들의 조건

때문에 복이 있는 것이 아니라 하나님이 그들의 상황을 **바꾸려고** 하시

기 때문에 복이 있다. 하나님의 나라가 임하게 되면, 가난과 고통이 더

이상 있지 않을 것이다. 한편 치유와 해방을 가지고 오기 위해서 그리

고 가난과 기아와 불행에 대항하는 새로운 공동체를 창조하기 위해서

하나님의 능력은 예수 안에서 일하고 있다. 이 새로운 공동체 안에서는 물질적 소유에 대한 새로운 태도가 우세해야 한다. 나누는 삶의 방식(예를 들면, 마가복음 10:17~30, 마태복음 6:2~4, 7:7~11, 누가복음 6:35, 6:38, 8:1~3, 12:32~34, 19:1~10, 14:25~35, 요한복음 12:6, 13:29), 단순함(마태복음 6:19~34, 누가복음 12:22~31), 물질적 종속 관계(마가복음 6:7~13, 비교 구절: 누가복음 9:3, 10:4), '재물의 유혹 deceitfulness of riches'에 대한 끊임없는 경계(마가복음 4:19)는 새로운 공동체의 특징이 되어야 한다.

3. 제도권 권력에 대한 불신

예수의 사역은 식민지 상황에서 이루어졌다. 궁극적 권력은 로마 제국에 있었지만, 토착 통치자들은 그들의 행위가 로마 제국의 이익에 부합하기만 하면, 그들의 지역에 대한 지배권을 행사하는 것이 허락되었다. 예수 시대에, 내부 문제는 유대 산헤드린에 의해 운영되었지만, 갈릴리는 헤롯 안티파스가 지배했고, 유대는 로마 총독 본디오 빌라도가 지배했다.

그 결과, 예수는 제도권 권력이나 국가 권력의 주요 세 형태들, 즉 유대 종교 지도자들의 영적이고 국내적인 권력, 헤롯과 헤롯 가문의 국가적 권력, 로마의 제국적이고 군사적인 권력과 마주쳤다. 그리고 예수는 이 세 가지 권력 모두에 대해 비판적이었다. 예수의 정치적 비판의 기본 전제는, 궁극적인 주권은 하나님에게만 속하며, 하나님의 정의가 인간의 권력을 평가하는 잣대가 되어야 한다는 사실이다.

• 예수는 사역을 하는 동안 종종 유대 종교 지도자들의 반대에 직면했다. 예수는 사회 속에서의 그들의 행위와 역할을 신랄하게 비난함으로써 그들의 반대에 응답했다.(예를 들면, 마가복음 7:6~23, 12:1~12, 12:41~44, 13:9~10, 누가복음 11:42~44, 16:14~31, 18:9~14) 이것에 대한 가장 광범위한 사례는 마태복음 23장에서 발견된다. 마태복음 23장을 주의 깊게 읽어 보면, 예수가 반대했던 것은 그들의 신학적 견해가 아니라 불의를 숨기기 위해 그들이 종교 권력을 남용한 것이었음을 알 수 있다. 그들은 '천국에 못 들어가도록 백성들을 막기' 위해서 그리고 도와달라는 손을 거들어 주려고 하지는 않고 약자에게 짐을 지우기 위해서 하나님의 율법을 사용했다.(마태복음 23:1~4, 23:13~16) 그들은 개인적인 명성과 영광을 얻기 위해 거룩한 신뢰를 남용했다.(마태복음 23:5~7) 그들은 자신을 덕의 화신으로 나타냈지만, 그 안에는 강탈과 탐욕이 가득 차 있었다.(마태복음 23:25) 그들은 과거의 폭력을 비난했지만, 그들 스스로 무죄한 피를 흘리기 위해 만반의 준비가 되어 있었다.(마태복음 23:23~39) 가장 뚜렷하게는, 그들은 하나님에게 가장 중요한 것, 즉 정의, 자비, 신실함을 희생시키면서 법적인 세부 사항에 몰두했다.

화 있을진저 외식하는 서기관들과 바리새인들이여 너희가 박하와 회향과 근채의 십일조는 드리되 율법의 더 중한 바 정의와 긍휼과 믿음은 버렸도다 그러나 이것도 행하고 저것도 버리지 말아야 할지니

라 맹인 된 인도자여 하루살이는 걸러 내고 낙타는 삼키는도다.(마태복음
23:23~24)

• **헤롯 가문** 또한 예수에게 위협을 느꼈고, 그래서 예수를 죽이려 했
다.(마가복음 3:6, 12:13) 어떤 동정적인 바리새인들이 예수에게 헤롯 안
티파스가 그를 죽이기 위해 나갔다고 경고했을 때 예수는 '저 여우'
라고 무시하는 표현을 사용했다.(누가복음 13:31~33) 후에 헤롯이 여러
가지로 물었을 때 예수는 그의 질문에 대답하기를 거절한다.(누가복음
23:6~12)

• 예수는 또한 **로마 권력**에 대해 비판적이었다. 예수가 로마 통치자에
게 결코 직접적인 반대 목소리를 내지는 않으셨다는 것은 사실이다.
예수는 거룩한 땅에서 로마 사람들을 폭력적으로 몰아내는 것을 결
코 요구하지도 않았다. 그러나 이것은 예수가 로마의 통치에 무관심
했다거나 그것을 인정했다는 것을 의미하지는 않는다. 다음 몇 가지
고려 사항은 예수가 이런 논쟁과 분리되어 있지 않다는 사실을 보여
준다.

1. 우선 하나님 나라에 대한 예수의 선포는 로마가 '평화와 안정'
의 황금기를 이미 이끌었다는 로마의 자랑에 대한 거부를 **전제**로 했
다. 로마는 힘으로 세계를 진압했다. 예수는 이 상황을 하나님이 원

하셨던 것으로 생각하지 않았다. 로마의 평화^{Pax}는 거짓 평화였고, 예수는 그것을 축복하기를 거절했다.(비교 구절: 요한복음 14:27, 18:36) 참으로 예수는 자신의 사명이 현재의 질서가 세워져 있는 압제와 불의에 도전함으로써 현재의 '평화로운' 질서를 불안정하게 할 것이라는 사실을 인정했다.(비교 구절: 마태복음 10:34~35, 누가복음 23:1~2)

2. 예수의 윤리적 가르침과 모든 삶의 방식 또한 로마의 가치와 우선순위에 대한 **암묵적** 비판이 되었다. 예수는 병든 자와 가난한 자를 선택한 반면, 로마 사람들은 강한 자에게 보답했다. 예수는 겸손과 섬김을 강조한 반면, 로마 사람들은 그들 자신의 우수성을 자랑했다. 예수는 잉여 소유물의 나눔을 강조한 반면, 로마 사람들은 억압적인 세금을 징수했다. 예수는 칼의 사용을 거절한 반면, 로마 사람들은 폭력을 전문으로 했다.

3. 예수는 로마 당국을 몇 차례 **명백하게** 비판했다. 예수는 로마 통치의 위압적이고 이기적인 속성을 강조했다.(누가복음 22:25, 비교 구절: 마가복음 10:42, 마태복음 20:25) 이방 통치자의 화려한 옷에 대해 경멸하여 말했고, 왕과 통치자들보다는 하나님 나라에서의 가장 작은 자에게 존경이 주어진다고 말했다.(마태복음 11:8, 누가복음 7:25) 또한 예수는 복음에 대한 이방 총독들과 왕들의 살인적인 반대와 폭력을 예측했다.(마가복음 13:9 이하, 누가복음 21:12 이하, 비교 구절: 마태복음 24:9) 로마 권력에 대한

예수의 가장 중요한 진술은 이른바 조세 질문에 나타난다.

　그들이 예수의 말씀을 책잡으려 하여 바리새인과 헤롯당 중에서 사
람을 보내매 와서 이르되 선생님이여 우리가 아노니 당신은 참되시고
아무도 꺼리는 일이 없으시니 이는 사람을 외모로 보지 않고 오직 진리
로써 하나님의 도를 가르치심이니이다 가이사에게 세금을 바치는 것
이 옳으니이까 옳지 아니하니이까 우리가 바치리이까 말리이까 한대
예수께서 그 외식함을 아시고 이르시되 어찌하여 나를 시험하느냐 데
나리온 나를 가져다가 내게 보이라 하시니 가져왔거늘 예수께서 이르
시되 이 형상과 이 글이 누구의 것이냐 이르되 가이사의 것이니이다 이
에 예수께서 이르시되 가이사의 것은 가이사에게 하나님의 것은 하나
님께 바치라 하시니 그들이 예수께 대하여 매우 놀랍게 여기더라.(마가

복음 12:13~17, 마태복음 22:15~22, 누가복음 20:20~26)

　"가이사의 것은 가이사에게 하나님의 것은 하나님께 바치라"고
말할 때 예수는 우리의 영적인 책임과 정치적인 책임을 구별하려는
것이 아니었고, 전자를 우선시하려는 것도 아니었다. 또 원칙적으로
제국의 조세 징수를 너그럽게 봐주려는 것도 아니었다.[만일 예수의
말이 세금을 징수할 로마의 권리에 대한 확실한 주장으로 생각된다
면, 어떻게 적들이 예수의 말을 선동하는 것으로 해석할 수 있는지
를 이해하는 것은 어렵다.(누가복음 23:2)] 특수한 조세 문제를 회피하는

대신에 예수는 질문자들에게 더 깊은 근원적인 원리, 즉 로마 황제의 요구는 하나님의 요구라는 관점에서 비판적으로 평가되어야 한다는 점을 지적했다. 모든 것이 하나님에게 속해 있고, 로마 황제의 요구가 하나님의 정의와 일치하는 한에서만 그 요구가 합법적인 것으로 여겨질 수 있다.

주변 사회에서 벌어지는 권력의 남용에 대해 비판적으로 말하는 것에 더하여, 예수는 제자들에게 권력과 위대함의 지배적인 양식들을 다 뒤집어엎으라고 가르쳤다. 그들의 공동체에는 현대의 종교 공동체에 널리 퍼져 있는 것처럼, 신분의 계급 제도가 있어서는 안 된다.(마태복음 23:8~12) 약한 자에 대한 강한 자의 지배도 없어야 하고, 이방 통치자의 방식으로 서로에 대한 지배도 없어야 한다.(마가복음 10:42~43) 참된 위대함이란 섬기는 자와 같이 되려고 노력함으로써 드러나게 된다.(마가복음 9:33~37, 마태복음 18:1~6, 누가복음 9:46~48, 마가복음 10:13~16, 마태복음 19:13~15, 누가복음 18:15~17) 리더십은 섬김이다.(누가복음 22:26)

4. 전쟁과 폭력에 대한 거절

예수는 기존의 '체제'가 목적을 달성하기 위해 폭력을 승인했다는 사실을 알고 있었다. 예수는 로마의 통치의 잔인성을 잘 알고 있었다. 예수는 빌라도의 무자비함(누가복음 13:1)과 로마 사람들이 식민지 사람들에게 어떻게 권력을 휘둘렀는지에 대해 말했다.(누가복음 22:24~27) 예수는 자신이 마침내 고문을 받고 로마인의 손에 죽음을 당할 것이라는 사실(마가복음 10:33~34, 마태복음 20:17~19, 누가복음 18:31~34)과 그를 따르던 사람들 또한 박해를 당하는 어려움에 처하게 될 것이라는 사실(마가복음 13:9~10, 누가복음 21:12~13)과 십자가에 못 박힐 것이라는 사실(마가복음 8:34~38)을 알 았다. 예수는 로마 군대가 예루살렘을 포위 공격하는 무서운 공포의 시간이 다가올 것이라는 사실을 침통한 마음으로 미리 말했다.(누가복음 19:41~44, 21:20~24, 23:27~31) 그는 또한 유대 사회에서 들끓었던 폭력을 알 고 있었다.(마태복음 23:29~36, 누가복음 9:7~9, 9:19, 13:31~35, 마가복음 13:9~13) 예수 는 폭력의 주제에 관해서라면 비현실적인 이상주의자가 아니었다.

기존 체제가 예수의 사역을 반대하기 위해 치명적인 힘을 사용할 것 이라는 사실을 알고 있었던 예수에게는 세 가지 기존 선택이 있었다. 그는 열심당의 **혁명적 선택**을 취하고 하나님의 나라를 군사적 힘으로 이루어 보려고 할 수도 있었다. 그는 에세네파의 **퇴거 선택**을 취하고 주변 사회의 타락으로부터 멀리 떨어져 사막으로의 은거를 옹호할 수 도 있었다. 그렇지 않으면 그는 성전 통치자들의 **권력 체제의 선택**을 취하고 기존의 불의한 질서와 타협함으로써 가난한 상황을 어떻게든 극복하려고 할 수도 있었다.

예수는 이 세 가지 모든 선택을 거절했다. 그 대신 그는 비폭력적이 고 희생적이고 평화를 만드는 사랑의 길을 선택했고, 그를 따르는 사람 들에게도 동일한 것을 요구했다.(마태복음 5:38~48) 예수는 이 세상에서 하 나님의 정의를 수행하는 어떤 자리에서든 전쟁과 폭력을 전적으로 거절했다. 그러나 이것이 예수로 하여금 폭력적인 죽음의 고통을 당하는 것을 면하게 하지는 못했다. 권력자들은 하나님의 통치 아래의 예수의 철저한 사랑의 메시지에 의해 위협을 받고 나서 예수를 죽일 음모를 꾸몄다.

죽음과 부활

신약 성서는 예수의 죽음을 인간의 불의의 끔찍한 표본이자 하나님의 구원하시는 정의의 시위운동demonstration이라고 묘사한다.

불의의 차원은 예수의 체포와 처형을 일반적으로는 인간의 악의를 통해 작동하고, 특별히 통치자들의 사리사욕을 통해 작동하는 악한 권력의 탓으로 돌리는 성서 구절에서 강조된다. 예를 들면, 마가는 어떻게 두려움, 분노, 시기가 유대의 반대를 일으켰는지에 대해 자주 언급하고 있다.(예를 들면, 마가복음 3:6, 12:12~13, 14:1~3, 14:10~11, 15:10, 비교 구절: 마가복음 1:22, 2:7, 6:3, 7:1~5, 8:11~21, 누가복음 23:48, 요한복음 19:12) 누가는 예수에 대한 배신을 유다에게 들어간 사탄의 탓으로 돌리고(누가복음 22:3, 비교 구절: 누가복음 22:31), 겟세마네에서 예수를 잡은 성전 권력자들을 '어둠의 권세'(누가복음 22:53, 비교 구절: 누가복음 23:45)로 규정한다. 요한도 또한 예수에 대한 배신을 유다

> 예수의 죽음은 불의의 표본이자 하나님의 정의의 시위운동이다.

의 마음에 들어간 마귀의 탓으로 돌린다.(요한복음 13:2, 13:27) 악한 '통치자'(요한복음 14:30)의 영향 아래에 있는 세상은 대체로 이유 없이 예수를 미워했다.(요한복음 15:18, 15:25) 왜냐하면 사람들은 '어둠을 사랑했고' '그들의 행위는 악했기' 때문이다.(요한복음 3:19, 비교 구절: 요한복음 1:9~11)

사도행전은 예수가 완전히 무죄인데도 불구하고 유대 지도자들이 예수를 '배반했고' '거절했고' '살해했고' '비난했고' '십자가에 못 박았다'고 그들을 자주 고발한다.(사도행전 2:23, 2:36, 3:13~15, 4:10, 4:26~28, 7:51~52, 13:27~29, 비교 구절: 누가복음 23:14, 23:20, 23:22, 23:47) 바울 또한 예수를 죽이는 일에 유대인(데살로니가전서 2:14~15)과 '이 세대의 통치자들'(고린도전서 2:8, 비교 구절: 골로새서 2:14)이 연루되어 있음을 지적한다. 히브리서 저자는 '죄인들이 이같이 자기에게 거역한 일을 참으신'(히브리서 12:3) 예수에 대해 더 일반적으로 언급하며, 베드로전서는 '사람에게 버림'(베드로전서 2:4~7)당한 예수에 대해 말한다.

그러나 예수의 죽음은 잔혹한 불의의 행위 이상으로 묘사된다. 그것은 또한 하나님의 구원하는 정의가 죄와 죽음의 권력을 단번에 패배시킨 수단으로 묘사된다.(예를 들면, 로마서 1:16~17, 3:21~26, 5:6~11, 8:1~4, 갈라디아서 3:13, 고린도전서 15:3~4, 고린도후서 5:19~21, 빌립보서 2:6~11) 예수의 인격 안에서 하나님은 인간을 폭력과 대응 폭력의 한없는 순환 속에 가두는 악의 권력을 파괴하기 위해 소외된 인간의 경험 속으로 완전히 들어오셨다. 십자가 위에서 예수는 그 자신의 육체의 경험 안으로 인간의 죄성의 완전한 영향을 흡수했다. "친히 나무에 달려 그 몸으로 우리 죄를 담

당하셨으니 이는 우리로 죄에 대하여 죽고 의에 대하여 살게 하려 하심이라."(베드로전서 2:24) 예수는 악의 폭력의 최고의 희생자가 되었다. 그러나 희생된 상태에서 예수는 자신의 학대자들에게 보복함으로써 죄의 통치를 영속화하지 않았다. 예수는 폭력을 폭력으로 대응하지 않았으며, 방어하기 위해 칼을 사용하자는 베드로의 제안을 거절했다.(마태복음 26:52) 그는 미움을 미움으로 맞대응하지 않았다. "욕을 당하시되 맞대어 욕하지 아니하시고 고난을 당하시되 위협하지 아니하시고 오직 공의로 심판하시는 이에게 부탁하시며"(베드로전서 2:23, 히브리서 12:2) 예수는 피해당한 것을 보복으로 응답하지 않았다. 그 대신 예수는 살인자들을 위해 이렇게 기도했다. "아버지 저들을 사하여 주옵소서 자기들이 하는 것을 알지 못함이니이다."(누가복음 23:34)

이렇게 응답하실 때 예수는 악의 논리를 역전시켰고, 그리하여 악의 힘을 없애 버렸다. 그는 폭력적인 죽음을 죽었다. 그러나 하나님은 죽은 자로부터 그를 일으키셨고, 하나님의 능력은 폭력의 행사로부터 나오는 죽음의 절멸보다 훨씬 더 위대하다는 사실을 나타내셨다. 예수의 부활은 악이 패배되었고 새로운 형태의 인간 실존이 시작되었다는 객관적인 증거의 역할을 한다.

요약

하나님 나라에 대한 예수의 선포는 사회적·정치적 삶의 중요한 차원, 즉 부와 권력을 사용하는 것, 약한 자와 불우한 자들을 공동체 안에서의 완전한 참여로부터 배제하는 것, 불의한 현상을 유지하기 위해 치명적인 폭력을 사용하는 것 등에 직접적으로 영향을 주었다. 예수는 지배적인 사회 질서의 불의에 대해 비판적이었고, 공동의 회개를 요구했다.

예수는 또한 자신을 따르는 자들을 위한 새로운 윤리를 규정했다. 예수의 공동체에서는 약자가 존중을 받아야 하고, 부가 정의롭게 분배되어야 하고, 리더십은 섬김의 형태를 취해야 하며, 비폭력적 평화 형성의 길이 널리 보급되어야 한다. 하나님의 정의가 통치할 것이라는 비전에 따라 살려고 애쓰는 것이 기독교인 실존의 최고 관심사가 되어야 한다.(마태복음 6:33)

예수는 죽음과 부활을 통해서 마침내 '정의를 승리로' 이끌었다.(마태복음 12:20) 세상 안에서 불의를 일으키는 죄의 힘은 깨어졌고, 과거 '죄의 종'이었던 자들이 이제 '의의 종들', 즉 세상 안에서 하나님의 구원하시고 회복하시고 평화를 만드시는 정의의 도구가 되었다.(로마서 6:15~20)

> 하나님의 나라는 먹는 것과 마시는 것이 아니요 오직 성령 안에 있는 의와 평강과 희락이라 이로써 그리스도를 섬기는 자는 하나님을 기

쓰시게 하며 사람에게도 칭찬을 받느니라 그러므로 우리가 화평의 일

과 서로 덕을 세우는 일을 힘쓰나니.(로마서 14:17~19)

이 성서 구절은 우리가 이 책을 통해 성서적 정의와 의에 대해 발견했던 것을 잘 표현한다. 정의는 하나님 나라의 심장이고, 하나님이 세상에서 사랑의 통치를 행사하시는 방법이다. 그것은 하나님의 정의의 변혁적 특징에 대한 살아 있는 증인이 되라고 부르심을 받은 하나님의 백성들에게 주어진 중요한 의무이다. 그것이 바로 정의가 실제로 무엇인지를 우리를 위해 가장 강력하게 해석해 주신 그리스도를 이 세상에서 섬기는 방법이다. 그리고 우리가 하나님의 인정을 얻게 되는 것은 바로 이와 같이 그리스도를 섬길 때이다.

하나님 나라의 정의를 위해 분투하는 것은 '평화에 기여하는 것'을 추구하는 것이다. 정의를 추구하는 것은 또한 공동체의 상호 유대를 증진하는 것이고, 성령 안에서 기쁨을 가져오는 것이다. 그도 그럴 것이 마침내 성서적 정의는 기쁨을 주는 정의이지 냉혹한 정의가 아니기 때문이다. 그것은 기쁜 것이다. 왜냐하면 그것은 회복하고, 치유하고, 모든 것을 바로잡는 것이기 때문이다.

부록: 요점의 요약

- 정의는 적절하게 규정하기가 어려운 개념이고, 어떻게 정의의 원리가 실천으로 옮겨져야 하는가에 대해 불일치가 있는 것이 보통이다.

- 정의에 도달하는 것은 사회에서 혜택과 벌칙이 공정하게 분배되는 것을 확실하게 하기 위한, 그리고 모든 당사자들의 권리와 의무를 확실하게 하기 위한 합법적인 권력의 행사를 포함한다.

- 하나님의 창조적이고 유지적이고 구속적인 행동에 대한 성서의 이야기는 기독교인들이 정의의 의미에 대해 배울 수 있는 중요한 보고이다. 정의는 성서의 중심 주제이다.

- 정의에 대한 성서의 가르침은 성서 저자들의 종교적·문화적 세계관 안에서 이해되어야 한다. 성서에서 언약, 율법, 정의는 서로 중복되고 의존적인 개념들이다.

- 하나님은 정의의 객관적 원천이다. 정의는 하나님의 존재 자체에서 비롯되며, 하나님의 세상과의 상호 작용의 모든 것을 결정한다. 하나님은 모든 사람들에게 정의가 요구하는 것을 행하도록 책임을 부과한다.

- 하나님에 대한 참된 지식은 정의에 대한 하나님 자신의 헌신을 이해하는 것과 세상에서의 삶의 방식에서 하나님의 정의를 본받기 위해 분투하는 것을 포함한다.

- 악의 원천에서 벗어나 최종적인 구원의 방향으로 역사를 움직여 가신다는 하나님의 약속은 성서적 희망의 근거이다. 신자들은 이 구속과 갱신의 역사에 하나님과 함께 참여하도록 부름을 받았다.

- 하나님의 도래하는 통치의 완전한 정의와 비교하여 평가할 때 정의를 만들기 위한 모든 인간의 시도는 부분적이고 흠이 있는 것으로 간주되어야 한다. 현재 사용되는 어떤 정치적 또는 경제적 체제도 비판이나 개선의 여지가 없는 것은 없다.

- 정의는 우연히 생겨나지 않는다. 그것은 언제나 투쟁, 헌신, 전념을 요구한다. 하나님의 정의에 대한 헌신 때문에 언제나 변화의 희망이 있다.

- 정의를 찾으려는 헌신이 없다면 하나님을 예배하는 다른 모든 수단들은 파탄을 가져온다. 정의의 삶의 방식은 거룩함의 본질적인 특징이다.

- 성서적 정의는 압제자에게 저항하고, 압제당하는 자를 자유롭게 하기 위한 적극적인 행동을 강조한다.

- 공동체의 모든 구성원들도 정의를 추구해야 하지만, 사회에서 권력의 자리에 있는 사람들은 정의 추구에 가장 큰 책임이 있다.

- 성서적 정의는 전부 당사자들 사이의 건강하고 항구적이고 생명을 주는 관계를 창조하고 유지하는 것에 관한 것이다. 그러므로 친절과 자비는 정의를 달성하는 데 필수적이다.

- 성서적 정의는 착취에 가장 취약한 사람들의 복지를 위한 확실한 편애를 보이는 것을 포함한다. 하나님은 사회에서의 더 큰 공평을 확보하기 위해서 가난한 자와 약한 자를 편드신다.

- 악행이 발생할 때 성서적 정의의 근본적인 관심사는 손해의 배상과 회복이다. 처벌은 종종 샬롬을 보호하고 회복하기 위한 장치 역할을 한다.

- 예수는 자신의 역사적 사명을 가난한 자와 압제받는 자를 위한 정의 구현의 관점에서 정의한다. 그의 가르침은 기존 권력자들에 대한 위협을 나타냈고, 이것이 그들이 예수를 반대했던 이유이다.

- 예수는 정치 권력과 종교 권력의 남용과 가난한 자와 약한 자를 주변화하는 것과 치명적인 폭력에 의존하는 것에 대해 맹렬하게 비판했다.

- 예수의 죽음은 인간의 불의를 보여 주는 끔찍한 표본이다. 그러나 그것은 또한 하나님의 구원하시고 용서하시는 정의의 명백한 실증이다. 예수의 부활은 악의 권세에 대한 하나님의 정의의 승리를 나타낸다.

- 하나님의 도래하는 나라의 비전은 새로운 메시아 공동체의 최고 관심사가 되어야 한다. 교회는 자신의 삶 속에서 예수의 삶과 활동에서 알려진 정의의 특징을 구현해야 한다.

성서 찾아보기

24:14	69	15:12~17	68	**사무엘하**	
25:8~17	62, 64	16:18~20	30, 52	4:11	69
25:38	40	16:19	58	8:15	52
25:39~55	68	17:7	69	12:13	68
26:13	40	17:8~13	30	14:11	68
		17:12	69	22:31	39, 66
민수기		17:12~13	70		
11:31~33	62	17:18~20	52	**열왕기상**	
15:40	41	19:13	68	10:9	52
15:41	40	19:19	69		
19	34	19:21	68	**역대하**	
35:31~34	68	21	34	12:6	37
35:33	69	21:20~21	70	19:7	59
		21:21	69		
신명기		22:21~22	69	**느헤미야**	
1:16~17	58	22:24	69	9:8	37
5:6 이하	40	23:24~25	64		
5:6~21	30	24:7	69	**욥기**	
7:6	49	24:17~18	40, 60	38:4	37
10:17	59	24:19~22	64		
10:17~19	42	25:12	68	**시편**	
13:5~11	69	26:19	49	7:9	37
13:6~11	70	29:10~12	29	8:5~7	61
13:8~9	68	30	32	9:8	38
13:16	69	32:3~4	37	10:13~17	50
14:2~21	49	32:4	39	10:17~18	44
14:28	64			18:30	39, 66
14:28~29	64	**사사기**		19:7~10	29
15:1~11	64	20:13	69	24:1	61
15:11	79			33:5	38

34:14	46	13:21	32	58:6~9	49
35:10	39, 50	14:31	60	59:12~17	51
37:28	38	22:2	60	60:17~18	27
72:1~2	25, 52			61:1~9	53, 65, 73
82	38	전도서		61:1~11	27
82:1~4	38	4:1	46	61:8	38
82:8	38	5:8	46		
85:10	56			예레미야	
89:14	37	이사야		2:8	42
96:10	39	1:15~17	48	4:22	42
96:13	39	3:14~15	65	5:26~29	65
97:1~2	39	5:16	49	9:2~6	42
97:2	37	9:2~7	73	9:23~24	43
97:6	39	9:6~7	53	9:24	37, 42
98:9	38	10:1~3	60	20:13	50
99:1~4	39	10:5~19	27	21:12	50
99:4	38	11:1~5	53, 73	22:2~3	52
102:25	37	24:16	36	22:13~16	44
103:6~7	44	30:18	8, 37, 39, 56	22:15~16	52
103:13~14	50	32:1	25	22:16	42
103:17	37	32:16~18	26	23:5	53, 73
115:16	61	35:3~7	65		
140:12	50, 60	42	27, 74	에스겔	
145:9	50	42:1~4	53, 75	18:23	69
145:17	37	42:1~7	27	22:25~30	51
146:5~7	44	45:21	37	45:9	52
146:7~9	63	48:13	37		
		51:1	46	다니엘	
잠언		58:2	42	9:14	37
6:30~31	67	58:6	50		

2:15~17	78	13:10	79	11:42 이하	80
3:6	83, 88	14:1~3	88	11:42~44	82
4:19	79, 81	14:3~9	78	12:15~21	80
6:3	88	14:7	79	12:16~21	79, 80
6:7~13	81	14:10~11	88	12:22~31	81
7:1~5	88	15:10	88	12:32~34	81
7:6~23	82	15:40~41	78	13:1	86
7:24~30	79			13:31~33	83
8:11~21	88	**누가복음**		13:31~35	87
8:34~38	87	4:16~20	74	14:1~14	79
9:33~37	86	4:18~19	65	14:12~24	78
9:36	78	4:18~22	78	14:25~35	81
9:42	78	5:27~32	78	15:1~2	78
10:13~16	78, 86	6:20~21	80	16:9	79
10:17~30	81	6:24~25	78, 80	16:13	79
10:17~31	79	6:35	81	16:14~31	82
10:33~34	87	6:38	81	16:15	78
10:42	84	7:1~10	79	16:19	79
10:42~43	86	7:18~35	78	16:19~27	80
11:15~19	80	7:25	84	18:9~14	82
11:17	79	8:1~3	78, 81	18:15~17	78, 86
12:1~12	82	8:14	79	18:18~30	79
12:12~13	88	9:3	81	18:31~34	87
12:13	83	9:7~9	87	19:1~10	78, 81
12:13~17	85	9:19	87	19:39	77
12:40	80	9:46~48	78, 86	19:41~44	87
12:41~44	82	9:51~55	79	20:16	79
13:9 이하	84	10:4	81	20:20~26	85
13:9~10	82, 87	10:25~37	80	20:47	80
13:9~13	87	10:38~42	78	21:1~4	80

21:12 이하	84	13:27	89	3	55
21:12~13	87	13:29	81	3:1~6	55
21:20~24	87	14:27	84	3:6	39
22:3	88	14:30	89	3:21~26	21, 73, 89
22:24~27	86	15:18	89	3:26	37
22:25	84	15:25	89	5:6~11	89
22:26	86	18:36	84	6:15~20	91
22:31	88	18:36~37	75	8:1~4	89
22:53	88	19:12	88	8:18~30	44
23:1~2	84			9:14	37
23:2	85	**사도행전**		13:3~5	70
23:6~12	83	2:23	89	13:3~6	33
23:14	89	2:36	89	14:17~19	92
23:20	89	3:13~15	89	14:19	46
23:22	89	4:10	89	15:13	44
23:27~31	87	4:26~28	89		
23:34	90	5:11	70	**고린도전서**	
23:45	88	7:51~52	89	1:18~21	43
23:47	89	10:34	59	2:8	89
23:48	88	13:27~29	89	5:5	69
				14:1	46
요한복음		**로마서**		15:3~4	89
1:9~11	89	1:16~17	21, 73, 89		
3:7~8	78	1:18	39	**고린도후서**	
3:19	89	1:18~32	32	2:6~8	69
4:7~42	79	1:24	33	5:19~21	89
11:50	77	1:26	33		
12:6	81	1:28	33	**갈라디아서**	
12:8	79	2:1~3:20	56	3:13	89
13:2	89	2:11	59		

참고문헌

Carter, Warren. *Matthew and the Margins: A Sociopolitical and Religious Reading* (Maryknoll, NY: Orbis, 2000).

Epzstein, Léon. *Social Justice in the Ancient Neal East and the People of the Bible* (London: SCM, 1986).

Haugen, Gary A. *Good News About Injustice: A Witness of Courage in a Hurting World* (Downers Grove, IL: InterVarsity Press, 1999).

Herzog II, William R. *Jesus, Justice and the Reign of God; A Ministry of Liberation* (Louisville, KY: Westminster John Knox, 1999).

Kaylor, R. David. *Jesus the Prophet: His Vision of the Kingdom on Earth* (Louisville, KY: Westminster John Knox, 1995).

Leech, Kenneth. *True God: An Exploration in Spiritual Theology* (London: Sheldon Press, 1985).

Malchow, Bruce V. *Social Justice in the Hebrew Bible: What Is New and What Is Old* (Collegeville: Michael Glazier, 1996).

Marshall, Chris. *Beyond Retribution: A New Testament Vision for Justice, Crime and Punishment* (Grand Rapids, MI : Wm B. Eerdmans, 2001).

_____. *Crowned with Glory and Honor: Human Rights in the Biblical Tradition* (Telford, PA : Cascadia Publishing House, 2001).

_____. *Kingdom Come: The Kingdom of God in the Teaching of Jesus* (Auckland: Impetus Publications, 1993).

Weinfeld, Moshe. *Social Justice in Ancient Israel and in the Ancient Near East* (Minneapolis: Augsburg Fortress Press, 1995).

Wright, Christopher J. H. *An Eye for an Eye: The Place of Old Testament Ethics Today* (Downers Grove, IL: InterVarsity Press, 1983).

_____. *Walking in the Ways of the Lord: The Ethical Authority of the Old Testament* (Downers Grove, IL: InterVarsity Press, 1996).

Yoder, Perry B. *Shalom: The Bible's Word for Salvation, Justice and Peace* (Newton, KS: Faith and Life Press, 1987).

글쓴이 소개

크리스 마셜 <small>Chris Marshall</small>

크리스 마셜은 공동체에 기반을 둔 정의 대안 운동에 특별한 관심을 가진 뉴질랜드의 신학 교육가이다. 국제적으로 인정을 받은 그의 저서들은 신학적 통찰력과 사법적 정의를 통합하는 것에 초점을 두고 있다. 그는 뉴질랜드에서 회복적 정의 실천의 발전에 적극적으로 관여해 왔다. 2004년 국제 공동체 정의상을 수상했다.

마셜 박사는 뉴질랜드 웰링턴의 빅토리아 대학교 기독교신학부에서 성 요한의 정교수직을 가지고 있다. 영국의 런던 대학교에서 신약 성서 분야 철학 박사 학위를 받았다. 또한 인디애나 주 엘크하트에 있는 메

106 · 성서는 정의로운가

노나이트 연합성서신학대학원^{AMBS}에서 평화학 석사 학위를 받았다.

성서학과 윤리학에 관한 많은 논문들을 비롯해《마가 이야기의 주제로서의 신앙 *Faith as a Theme in Mark's Narrative*》,《하나님 나라의 도래: 예수의 가르침에서의 하나님의 나라 *Kingdom Come: The Kingdom of God in the Teaching of Jesus*》,《영광과 명예의 관을 쓰고서: 성서 전통에서의 인권 *Crowned with Glory and Honor: Human Rights in the Biblical Tradition*》,《배상을 넘어서: 정의, 범죄와 처벌에 대한 신약 성서의 비전 *Beyond Retribution: A New Testament Vision for Justice, Crime and Punishment*》을 저술했다.

KAP의 책들

01 학교현장을 위한 회복적 학생생활교육

이 책은 생활교육의 오랜 관성에 대해 근본적인 의문을 제기한다. 잘못된 행동을 법과 규칙이라는 비인격적인 처리에 맡겨 버리고 마땅히 주변 사람들이 공동체적으로 개입하고 함께 문제를 해결해 가며 서로의 마음을 풀어주어야 할 책임을 회피하고 있는 것은 아닌가 하는 문제를 제기하고 있다.

– 좋은 교사운동 대표 정병오(추천사 중에서)

로레인 수투츠만 암스투츠, 쥬디 H. 뮬렛 지음 / 이재영, 정용진 옮김

02 서클 프로세스 (Circle Processes)

"회복적 정의 운동을 실천하는 현장에서 필요로 하는 것은 바로 회복적 서클을 어떻게 디자인하고 진행할 것인가에 대한 문제이다. 이 책은 그 현실적 필요에 가장 적절히 답을 주는 자료이다. 전 세계적으로 확산되고 있는 회복적 정의 운동의 가장 대표적인 프로그램으로써 서클이 어떻게 적용될 수 있을지 말해주는 이 책을 통해 회복적 정의 운동이 한국에서도 더욱 활발히 확산되기를 기대해본다." – 이재영, 한국 평화교육 훈련원장

케이 프라니스 지음 / 강영실 옮김

03 갈등전환

갈등은 자연스러운 것이고 인간관계 속에서 끊임없이 발생하는 역동성이라는 것을 인식하는 것이 갈등전환이다. 더 나아가 갈등은 건설적인 변화의 잠재력을 지니고 있다. 그렇다고 항상 긍정적인 변화가 일어나는 것은 아니다. 갈등은 상처와 파괴가 악순환 하는 경우가 대부분이다. 하지만 갈등 전환은 갈등 자체를 잠재적 성장의 기폭제로 바라보려는 적극적인 의지의 표현이다. 이것이 핵심이다. – 본문 중에서

존 폴 레더락 지음 / 박지호 옮김

04 트라우마의 이해와 치유

저자 요더는 "이 소책자는 트라우마를 일으키는 때와 사건들이 존재한다는 기본적인 현실과 도전아래 인간의 정신을 일깨우며 지구촌의 여러 가족들을 일깨우기 위한 것이다. 그러나 이러한 일깨움은 국가의 안전에서부터 인류의 안전에 이르기까지 우리가 갖고 있는 관심의 변화, 근원적 원인들을 정직하게 찾아내며, 우리 자신의 역사는 물론 원수으로 여기는 사람들의 역사를 인정하는 것으로부터 시작되어야 한다."고 말한다. 이 책이야말로 트라우마의 이해와 치유에 도움을 줄 놀라운 접근이다.

캐롤린 요더 지음 / 김복기 옮김

05 피해자 가해자 대화모임

이 책은
- 왜 사람들이 이 대화모임에 참여하려고 하는지
- 어떻게 절차가 작동하는지
- 심각한 사건을 어떻게 다루는지
- 과정에 있어서의 장벽과 유익은 무엇인지 실천적인 문제를 다루고 있다.

로레인 수투츠만 암스투츠 지음 / 한영선 옮김

06 회복적 정의 실현을 위한 사법의 이념과 실천

정의와 사법을 바라보는 시각을 바꾸는 데 선구적인 역할을 한 하워드 제어는 이 책에서 회복적 정의와 사법을 가능하게 하고 유용하게 하기 위한 실천적인 이론과 실무를 제시하고 있다.

하워드 제어 지음 / 조균석, 김성동, 한영선 외 옮김

07 전략적 평화 세우기

이 책이 설명하는 평화 세우기의 원 개념은 아래로부터 접근을 시도하는 반면, 이후 새롭게 제기된 평화 세우기의 개념은 큰 단체와 국가들이 주도하는 위로부터 접근을 시도한다. 평화 세우기를 공부하고 이에 대해 생각하는 사람이라면 계속되고 있는 논의의 한 편을 이해하기 위해 이 책을 읽어야 한다. 이는 여러 직업을 가진 사람들이 더욱 평화로운 세상과 더욱 정의로운 사회를 만들기 위해 무엇을 할 수 있는지 영감을 주는 책이다.

– 추천사 중에서

리사 셔크 지음 / 김가연 옮김

08 공동체를 세우는 대화기술

이 책의 작가인 셔크(Schirch)와 캠트(Campt)는 대화의 원칙을 통해 긴장감을 유발할 수 있는 주제를 다루기 위한 혁신적이고 신선하면서도 희망적인 접근법을 소개한다.
일상의 대화, 공식 회의, 공동체의 모임, 국제회합에서 "대화는 갈등 상황에 놓인 사람들이 안전한 환경에서 서로를 경청하고 그들의 공통점을 확인하고 그들의 차이점을 알아가도록 돕는다."

리사 셔크, 데이비드 캠트 지음 / 진선미 옮김

09 건강한 조직 만들기

이 책은 건강한 조직을 만들기 위해 애쓰는 비영리 단체, 영리 단체, 공공 기관을 포함한 여러 조직의 지도자들에게 조직의 건강성을 점검하고 발전시킬 수 있는 통찰력과 분석력을 제공한다. 이 책에서 소개하는 '체계론적 접근법'은 조직을 살아 있는 유기체로 보고, 조직의 각 부분이 서로 연결되어 있고 그들의 환경과 상호 교류한다고 생각한다.

데이비드 브루베이커 & 루스 후버 지머먼 지음 / 김홍석 옮김

KAP 정의와 평화 실천 시리즈 10

성서는 정의로운가

지은이 　크리스 마셜
옮긴이 　정원범

초판발행 　2016년 10월 27일
펴낸이 　김복기
제작 　대장간
등록 　제364호
펴낸곳 　Korea Anabaptist Press　www.kapbooks.com
주소 　강원도 춘천시 춘천로 34, 3층
전화 　(033) 242-9615
영업 　전화 (042) 673-7424　전송 (042) 623-1424
분류 　평화 | 정의
ISBN 　978-89-92865-27-2　03230

값 7,500원

이 도서의 국립중앙도서관 출판시도서목록(CIP)은 서지정보유통지원시스템(http://seoji.nl.go.kr)과
국가자료공동목록시스템(http://nl.go.kr/kolisnet)에서 이용하실 수 있습니다. (CIP제어번호: 2016024095)